INTERPRETACIÓN DE LOS SUEÑOS

Autor: Adolfo Pérez Agustí

© Ediciones Masters
© Adolfo Pérez Agustí
Fernán Caballero, 4-1º dcha.
28019 MADRID
http://www.edicionesmasters.com
ediciiesmasters@gmail.com

Diseño portada y maquetación: Roberto-Carlos Pérez Rodríguez

"¿Todo lo que vemos o percibimos es sólo un sueño
dentro de un sueño?"
Edgar Allan Poe

Con ellos representamos nuestras fantasías, con sucesos y escenas la mayoría de las veces imposibles de representar en la vigilia, salvo con la ayuda de una nueva fantasía que los muestre con dibujos o técnicas visuales. Para muchos suponen casi otra forma de vida, en ocasiones placentera y con demasiada frecuencia aterradora, pues parece ser que nos sacan del interior de la mente, justo del rincón más oculto, nuestros verdaderos deseos y temores. Los estudiosos, entre los cuales podemos encontrar a personalidades tan ilustres como Freud y Jung, nos dicen que la interpretación de los sueños es factible y en ocasiones necesaria, ya que no existe otro modo mejor de llegar al inconsciente, pues en ese momento es cuando nuestras defensas están anuladas.

CAPÍTULO 1

Introducción

Fisiológicamente el sueño puede ser **pesado,** tan profundo que es difícil que alguien o algo nos saque de él; **melancólico** o tan **triste** que nos haga despertar entre sollozos, así como podemos **caernos de sueño**, lo que indicaría que nos llega con tanta intensidad y premura que no lo podemos resistir.

Coger el sueño supone la fase para quedarnos dormidos, aunque no siempre es fácil conciliarlo y no conseguimos dormir aun cuando tengamos necesidad y deseo. Los más inquietos no hablan de dormir, sino de **descabezar un sueño** o **echar un sueño,** que es algo así como dormir brevemente, pero lo suficientemente alerta como para que nadie nos coja desprevenidos, y para ello lo hacen en un sofá, casi nunca en la cama.

Dormir a pierna suelta no tiene nada que ver con estas extremidades, sino que se refiere a un sueño tranquilo, intenso, todo lo contrario a **tener el sueño de la liebre,** expresión popular que nos describe el estado de alerta perenne de estos animales; tan ligero es su sueño que es difícil cogerlos desprevenidos, pues duermen con un ojo abierto y otro cerrado.

Si queremos que nadie nos moleste encargamos a otra persona que nos **guarde el sueño,** ya que así conseguiremos llegar al mejor de los sueños, algo así como el Séptimo Cielo o el día del descanso absoluto, tal y como sabiamente hizo Dios.

Estar entre sueños es dormitar, ni dormir ni estar despierto, y lo suelen hacer algunas personas cuando conducen de noche o quienes gustan de realizar ensoñaciones placenteras. **Desvelarse** es cuando nos interrumpen el sueño, aunque también se aplica a la imposibilidad de dormir en el momento y lugar habitual, algo que suele ocurrir cuando **perdemos el sueño** por un amor, una preocupación o una alegría.

Las personas realistas o con poca visión de futuro gustan de **quitar el sueño** a quienes tienen puesta la mente en las estrellas (o la Luna, o las nubes), pues nos hablan de **sueños imposibles**, aunque en realidad se sienten molestos que otros sueñen e intenten conseguir cosas grandiosas.

Y todavía nos queda hablar de **dormitar**, algo que sí pero que es no, ya que aunque ligeramente alertas estamos a punto de caer en las redes de Morfeo, el dios de los sueños. Les suele pasar a los **dormilones**, personas que han dormido más de lo necesario o que se caen **rendidos de sueño** como los niños después de jugar intensamente. Todas estas definiciones, más ir al **cine de las sábanas blancas** (acostarse en la cuna), **conciliar el sueño** (casi como llegar a un acuerdo con el cuerpo) y **adormecerse** (dormirse lentamente), nos indican que el sueño es algo complejo y con frecuencia difícil de conseguir.

El sueño fisiológico

A pesar de que pasamos aproximadamente la tercer aparte de nuestra vida durmiendo no fue si no hasta ya avanzado el siglo XX, con la aparición del electroencefalograma, cuando los investigadores comenzaron a estudiar el sueño seriamente. Desde entonces, han sido divulgadas varias teorías que intentaron explicar qué ocurre a lo largo de la noche. La más antigua es la noción de que, de alguna manera, algo se desconecta por la noche, haciendo que la actividad fisiológica y psicológica llevadas a cabo durante el día cesen, simplemente.

Grupos de parapsicólogos dan otra explicación más interesante a los sueños y mencionan la posibilidad de que en realidad lo soñado sea otra forma de vida, espiritual, imposible de registrar por medios mecánicos. Los sueños en los que se realizan hazañas imposibles (volar, ganar peleas contra gigantes, etc.), serían la compensación a nuestras frustraciones y cuando al soñar sufrimos, bien sea por amor, abandono o dolor físico, la causa estaría en una conciencia deseosa de apaciguarse o en una puesta en escena de aquello que verdaderamente nos preocupa, pero que durante el día no queremos pasarlo al consciente.

Otros grupos de científicos comienzan a insistir en que el sueño es un proceso activo, mediante el cual se estimulan varios centros cerebrales con el fin de que se produzcan cambios bioquímicos y hormonales necesarios para la salud. Hoy admitimos, hasta cierto punto, que todas estas conclusiones pueden ser ciertas, y que para que nos durmamos tienen que ocurrir dos cosas: tiene que haber una reducción de la actividad en aquellas partes del cerebro que nos mantienen alerta durante el día y, al mismo tiempo, ciertas partes del cerebro que se conocen como centros del sueño deben ser activadas. Los medicamentos hipnóticos y las plantas inductoras del sueño, actuarían en esta segunda parte.

9

FISIOLOGÍA Y QUÍMICA DEL SUEÑO

"La naturaleza de la conciencia es pura luminosidad; es la facultad inteligente primordial y, por consiguiente, no puede producirse de una materia cuya naturaleza sea diferente."
Dalai Lama XIV

Existen muchos datos sobre los mecanismos del sistema nervioso central y del sistema periférico que afectan y controlan al sueño. El tronco encefálico es la parte más primitiva del cerebro y controla funciones vitales como la respiración y el latido cardiaco, siendo en este lugar del cerebro donde se localizan las zonas que controlan los dos estados del sueño. Todavía se debate la exactitud de las regiones cerebrales que están implicadas y sobre cómo actúan entre ellas, pero sí se conocen bien la función de determinados aminoácidos y neurotransmisores, entre ellos la serotonina, el triptófano y la melatonina.

Los descubrimientos más recientes demuestran que el control que ejerce el sistema nervioso sobre las funciones del organismo es diferente según si el estado es de vigilia o de sueño. Los mecanismos como la respiración, por ejemplo, la temperatura corporal y el funcionamiento de la musculatura, trabajan de manera diferente durante el sueño. El estudio de estas diferencias en el control de mecanismos vitales está siendo de gran ayuda para entender y caracterizar las alteraciones del sueño, por ejemplo, la apnea (interrupciones repetidas en la respiración o respiración que se vuelve más superficial).

La cuestión más difícil e importante sobre el sueño es conocer su función. Esta pregunta no se ha respondido del todo y existen opiniones diferentes. Algunos científicos creen que su misión no es biológica y lo consideran un hábito, pero cuando observamos que la mayoría de las especies próximas al hombre duermen, desechamos esta conclusión. El sueño tiende a incrementarse después del ejercicio o cuando se tiene hambre u otras circunstancias en las que aumenta la demanda metabólica, comprobándose igualmente que sirve para la regeneración de los procesos mentales, en especial de facultades mentales superiores, como la fijación de la atención, los mecanismos conscientes, las habilidades cognitivas finas y las que tienen que ver con la relación social.

MÉTODOS PARA MEDIR EL SUEÑO

Usando un *Polígrafo* para registrar el EEG, se ha encontrado que el sueño se presenta en cinco fases distintas y reconocibles:

La fase primera, aquella que entramos según nos vamos quedando dormidos, es en realidad un estado transitorio entre la vigilia y el sueño, apareciendo en el *Polígrafo* como una serie de hondas regulares de baja frecuencia llamadas hondas *Theta*. No hace mucho tiempo, la fase primera fue de gran interés para los investigadores quienes, siguiendo postulados literarios y científicos, creyeron que las personas son más creativas durante un estado semi-despierto. Esperaban, por tanto, que enseñando al sujeto a incrementar la actividad de las hondas pudiera aumentar su potencial creativo. Basándose en ello se inventaron las máquinas *sintetizadoras de ondas cerebrales* que tanto éxito tuvieron hace unos pocos años. Desgraciadamente y aunque la gente ha sido capaz de emitir más hondas Theta, esta actividad no parece tener mucho efecto sobre el resto de las cosas.

La siguiente fase es en realidad la primera fase del sueño propiamente dicho. Si se zarandea a una persona que está en la primera fase y se le pregunta "¿estás despierto?", probablemente contestará "no estoy seguro" o "sí, estoy despierto". En la fase dos, sin embargo, la persona está claramente dormida y el sueño se caracteriza por explosiones rápidas y periódicas de actividad en sus ondas cerebrales.

Sigue el descenso nocturno hacia un sueño en el cual hay ahora ondas cerebrales lentas y sincrónicas. Esta fase representa, junto con la siguiente, el sueño profundo. Durante ella se segregan ciertas hormonas del crecimiento que ayudan al cuerpo de los adultos a restaurarse a sí mismo y a los niños al desarrollo general. Aunque la pérdida del sueño profundo no es particularmente peligrosa en los adultos, si se desvelan posteriormente se levantarán doloridos al despertarse. En los niños el bloqueo en la secreción de la hormona del crecimiento alterará su desarrollo.

Lo que sucede después del sueño profundo es un fenómeno que ha puesto de cabeza a nuestras tradicionales ideas sobre él. Esta es la fase conocida como REM, que se puede traducir como

"Movimiento rápido del ojo". Desde el momento en que entramos en la fase uno, los ojos comienzan a moverse lentamente de atrás adelante, continuando hasta esta fase cuatro. Al mismo tiempo, la actividad muscular disminuye en todo el cuerpo, cambiando de forma espectacular al entrar en REM. Los ojos comienzan a moverse a gran velocidad y todo el parámetro fisiológico del cuerpo parece enloquecer. La respiración se hace irregular, al igual que el ritmo cardíaco y la tensión sanguínea, bajando sensiblemente la producción de las hormonas suprarrenales. Aquí estaría una explicación más del porqué muchos enfermos o ancianos mueren durante el sueño, sin causa aparente: su debilitado cuerpo no puede soportar las tensiones. Otro fenómeno que se da son las erecciones genitales en los varones y un aumento del flujo sanguíneo en los de la mujer. En este mismo período es cuando tiene lugar lo que se denomina sueño. El REM se llama a veces sueño paradójico porque, aunque el cerebro está claramente activo, los músculos están profundamente relajados y el cuerpo parcialmente paralizado.

Si el sueño profundo tenía que ver con la restauración física del cuerpo, en el sueño REM parecen llevarse a cabo algunas funciones específicas relacionadas con la integración de la memoria y el proceso de la información recogida durante el día. Es como si la mente se convirtiera en una especie de computadora que nos hace ser capaces de recordar hechos aislados recientes y también vivencias muy antiguas, llegando a darse el caso de que somos capaces de oír en nuestro cerebro voces del pasado con toda claridad. El súbito despertar de una persona que ha escuchado la voz de un ser querido lejano o incluso muerto, le llega a hacer creer que le estaban hablando allí mismo, a la cabecera de la cama, cuando en realidad ha sido una voz cerebral. Estos shocks emocionales durante el sueño serían otras de las explicaciones a las muertes súbitas durante la noche, las cuales lógicamente nunca se pueden explicar.

Lo que no se sabe con certeza aún es lo que ocurre cuando se priva a una persona de la fase REM durante un periodo de tiempo. Algunos estudios iniciales sugirieron que podían dar lugar a personas desconfiadas e incluso neuróticas. Un estudio que se realizó en un estudiante voluntario, en el que se le privó de la fase del sueño REM durante varias noches, dio como resultado el abandono de éste sin una explicación. Al estar considerado como una persona responsable se le buscó y se le encontró en una casa de prostitutas, lo que llevó a la absurda conclusión de que la privación del REM destruía la moralidad de las personas. Afortunadamente, posteriores estudios han demostrado lo absurdo de dichas conclusiones y los efectos reales de estas privaciones permanecen aún en el misterio.

Sí sabemos, no obstante, que hay una necesidad biológica del REM y si a una persona se le despierta en ese momento el primer signo será un movimiento rápido de los ojos o una bajada de la tensión muscular. En la segunda fase tendrá que ser despertado con doble intensidad que en la primera. En la tercera habrá que despertarle casi constantemente, ya que ello significa que el durmiente está haciendo un gran esfuerzo para alcanzar su REM. Por otra parte, una persona privada durante algún tiempo del REM, necesitará una mayor cantidad de éste cuando se ponga a dormir, con el fin de recuperarse.

Todas estas fases del sueño suceden en patrones rítmicos llamados ciclos del sueño, que se repiten a lo largo del curso de la noche. Comenzamos cayendo en la fase uno, descendemos a la fase dos, tres, cuatro y REM, ascendiendo entonces otra vez. Todo nos lleva unos 90 minutos desde que nos dormimos para completar el ciclo y entrar en REM. Este primer sueño es muy breve, solamente unos segundos, como si el durmiente se esforzara en entrar y así comienza un ciclo nuevo. El resultado es que nos pasamos la mayoría de las veces en las fases tres y cuatro del sueño profundo y las horas de la madrugada en la fase REM. Esta es la razón de que la mayor parte de los sueños se tengan de madrugada y que los varones acusen en ese momento un aumento de su deseo sexual.

Estos ciclos del sueño son significativos y sabiendo en qué fase se acusan los trastornos se podría solucionar más fácilmente los problemas. Por ejemplo, los terrores nocturnos de los niños son principalmente un problema del sueño profundo. En contraste, las pesadillas de los adultos ocurren más probablemente de madrugada, ya que son principalmente un problema REM. Igualmente, ciertos ruidos fuertes nos despertarán más fácilmente si se producen durante la fase uno, que cuando estamos en sueño profundo. Aquellas personas que padecen de úlceras o angina de pecho pueden empeorar en el periodo que comprende el amanecer, debido a la irregularidad de las funciones corporales, las cuales influyen sobre el sueño.

LAS NECESIDADES DE SUEÑO

Para el análisis de las distintas necesidades de sueño de las personas se han realizado numerosas investigaciones, como por ejemplo, el estudio de la pérdida total o parcial del sueño, o el de personas que duermen mucho (más de 9 horas) y el de aquellas que duermen poco (menos de 6 horas). Algunas personas funcionan bien con 5-6 horas de sueño nocturno, mientras que otras necesitan 10 y se sienten agotadas todo el día con menos de 8 horas. Cuando se habla sobre personas que no duermen nada o casi nada se exagera, pues todo el mundo necesita dormir al menos 4 ó 5 horas, estableciéndose como conclusión que las necesidades de sueño varían enormemente de uno a otro individuo. La mejor forma para determinar cuánto sueño se necesita es simplemente comprobar cómo nos sentimos al día siguiente.

Las únicas generalizaciones que pueden hacerse son: primero, que tanto la cantidad de sueño que se necesita como la cantidad de horas que empleamos para dormir, tienden a variar con la edad. Los bebés, por ejemplo, suelen dormir doce horas, mientras que entre los 25 y los 45 años de edad la mayoría de las personas duermen 7 horas y media. Posteriormente, en la vejez, se necesitan 8 horas y media, aunque lo normal es que estas horas estén repartidas durante el día y al llegar a la noche muchos ancianos creen que necesitan dormir menos que años antes. También ocurre que sufren un deterioro en la calidad del sueño, no consiguen dormir con profundidad, se despiertan a menudo por la noche desvelados y esto les lleva a creer que necesitan menos horas de sueño.

En segundo lugar, parece probable estadísticamente hablando que las personas que regularmente duermen más de diez horas o menos de tres por la noche, tienden a morir jóvenes. Pero esto solamente refleja el hecho de que realmente lo que se produce es una alteración de la salud, de igual manera que ocurriría llevando otro tipo de vida desordenado.

Alteraciones del sueño

Las alteraciones del sueño se han consolidado como un nuevo campo de la medicina, y el diagnóstico y tratamiento se realizan desde la neurología y la psiquiatría. Los problemas del sueño se dividen en tres clases: el insomnio, que se caracteriza por la dificultad para quedarse dormido o para permanecer dormido; la hipersomnolencia, que consiste en una demanda grande de sueño o somnolencia durante el estado de vigilia, como en el caso de la narcolepsia; y episodios nocturnos, tales como los terrores nocturnos, las pesadillas y el sonambulismo (caminar dormido).

El insomnio y la hipersomnolencia son sólo síntomas y pueden estar provocados por varios motivos. Por ejemplo, el insomnio puede estar causado por una artritis dolorosa, por un trastorno endocrino, por el consumo de ciertas sustancias químicas o por la abstención de otras (como el alcohol); por problemas psicológicos como ansiedad o depresión y por alteraciones en el reloj biológico como el cambio de horario que se experimenta en los viajes por avión de un continente a otro. Por consiguiente, en términos de tratamiento, el insomnio no es una enfermedad que se cure con un somnífero, sino que es necesario determinar y tratar la causa que lo provoca.

CAPÍTULO 2

ESTUDIOSOS DEL SUEÑO

FREUD

Indudablemente debemos mucho a este investigador de la mente humana, aunque debemos reconocer que quien más sabía en materia de sueños fue José, hijo de Jacob, y eso que solamente conocemos dos de sus sueños proféticos. En el primer sueño vio cómo los manojos que ataba se inclinaban siempre a su lado y en el segundo quienes se inclinaban hacia él eran sus hermanos. En represalia y dando explicación a ese sentimiento llama-

do envidia, le vendieron por 20 piezas de plata a un señor llamado Potifar. Bueno, luego acabó en la cárcel y allí siguió soñando, pero cada sueño era una premonición y sus dones acabaron llegando hasta el mismísimo faraón, quien le hizo llamar para que le explicara el sentido de un sueño que le atenazaba. Veía siete vacas gordas que eran devoradas por siete flacas, lo que José interpretó como años de abundancia y pobreza, alertándole que debía almacenar el grano en la época de abundancia para los años de escasez venideros.

Pero volviendo a Freud, sabemos que nació el 6 de mayo de 1856 en Freiberg (hoy Príbor, República Checa), y que se sintió inclinado por la medicina cuando escuchó el ensayo "Sobre la naturaleza" atribuido a Goethe. Una vez en la Universidad de Viena comenzó sus investigaciones sobre el sistema nervioso central de los invertebrados, pasando más tarde al Hospital General de Viena, donde se dedicó a la psiquiatría, la dermatología y los trastornos nerviosos. En el año 1885, y ya como profesor adjunto de Neuropatología en la Universidad de Viena, consiguió una beca del gobierno para estudiar en París junto al neurólogo Jean Charcot, quien trabajaba en el tratamiento de los trastornos mentales mediante la hipnosis, en el manicomio de Salpêtrière.

Una vez casado, se estableció como médico privado en Viena, especializándose en los trastornos nerviosos, especialmente la afasia y las parálisis infantiles, derivando poco a poco a ejercer una terapia poco conocida entonces, a la que denominó como psicoanálisis. El procedimiento terapéutico necesitaba de otra ciencia llamada hipnosis, mediante la cual forzaba al paciente a recordar y revivir la experiencia traumática origen del trastorno, con lo que se descargarían por catarsis las emociones causantes de los síntomas. Ahora sabemos que hurgar en las heridas no soluciona los problemas y en ocasiones desencadena enfermedades nuevas, pues mientras permanecen en el subconsciente no se somatizan y la persona alcanza cierto grado de equilibrio. Se ha adaptado a ellas relegándolas al subconsciente. Y puesto que el subconsciente parece manifestarse de forma intensa durante los sueños, ya que el consciente está aletargado, dedicó una gran parte de su vida al estudio de los sueños, desarrollando teorías sobre la sexualidad infantil y el complejo de Edipo. Sus conocimientos y conclusiones los plasmó en varios libros, siendo su obra más importante "La interpretación de los sueños (1900)", donde analiza (además de algunos sueños de sus pacientes) muchos de sus propios sueños, registrados durante tres años de autoanálisis iniciados en 1897.

Uno de sus descubrimientos más importantes es que las emociones enterradas en la superficie subconsciente suben a la superficie consciente durante los sueños, y que recordar fragmentos de los sueños pueden ayudar a destapar las emociones y los recuerdos enterrados. Freud decía que los sueños son una forma de realizar deseos y que muchos deseos son el resultado de deseos sexuales reprimidos o frustrados. En su opinión, la ansiedad que rodea dichos deseos hace que algunos sueños se conviertan en pesadillas, aunque distingue entre el contenido del sueño "manifiesto" o el sueño experimentado al nivel de la superficie, y los "pensamientos de sueño latentes", no conscientes que se expresan a través del lenguaje especial de los sueños. Insistía en que todos los sueños representan la realización de un deseo por parte del soñador, incluso los sueños tipo pesadilla. Hay sueños negativos de deseos, donde lo que aparece es el incumplimiento de un deseo. Para esto se daba varias explicaciones, entre las cuales está la satisfacción de una tendencia masoquista. Según su teoría, la "censura" de los sueños produce una distorsión de su contenido, así que lo que puede parecer ser un conjunto de imágenes soñadas sin sentido puede, a través del análisis, ser descifradas como un conjunto de ideas coherentes.

Freud consideraba que todo sueño es interpretable, es decir, puede encontrarse su sentido, pero la labor de interpretar no recae sobre todo el sueño en su conjunto sino sobre sus distintas partes basándose en una especie de libro de los sueños, donde cada cosa soñada significa tal otra cosa en forma rígida, sin considerar la peculiaridad de cada sujeto. Primero se descompone el relato en partes, y cuando llega al final surge la interpretación final o global, en la cual se nos revela el sueño como una realización de deseos.

No obstante, su obsesión por la sexualidad le llevó a un distanciamiento con sus colegas, por lo que siguió trabajando solo en lo que él mismo denominó "una espléndida soledad". Tras el comienzo de la I Guerra Mundial, abandonó casi la observación clínica y se concentró en la aplicación de sus teorías a la interpretación psicoanalítica de fenómenos sociales, como la religión, la mitología, el arte, la literatura, el orden social o la propia guerra. En 1923 se le detectó un cáncer en la mandíbula que precisó de un tratamiento constante y doloroso, por el que tuvo que someterse a varias operaciones quirúrgicas. Murió el 23 de septiembre de 1939.

Freud y el olvido de los sueños

¿Cuál es la razón por la cual los sueños, incluso las pesadillas, se olvidan con una increíble rapidez, salvo que sean reiterativos? Para Freud ese era el principal problema para una correcta interpretación, pues si él mismo tenía problemas para recordar sus sueños ¿cómo dar por cierto el sueño relatado de sus pacientes? Y además ¿cómo creer que la propia persona no estaba ocultando datos o magnificando aquellas partes que le interesaban? Su conclusión era que no tenemos certidumbre alguna de conocerlo tal como en la realidad fue. Para evitar esta autocensura sometía a sus pacientes a la hipnosis, en la creencia de que allí no había censura, lo que más tarde se demostró que no era totalmente cierto pues había siempre cierto grado de resistencia mental.

Por tanto, que los sueños no se conserven fácilmente en la memoria es para algunos la muestra de su escaso valor anímico, más que nada porque a no ser que tengamos a un terapeuta a la cabecera de nuestra cama, justo en el momento de despertarnos, el sueño estará ya seriamente desvirtuado, tanto por el olvido como por la autocensura del paciente.

La regresión

El inconsciente es el punto de partida para la formación del sueño, al que provee de su fuerza impulsora, intentando llegar hacia la conciencia; algo que no ocurre durante el día, pues una especie de censura moral impide ese curso.

Freud tenía una gran predilección por los sueños de contenido alucinatorio, en los cuales "*la excitación* –decía- *toma un camino de reflujo, y en lugar de propagarse hacia el extremo motor del aparato, lo hace hacia el extremo sensorial, y por último alcanza el sistema de las percepciones.*" Hablaba de regresión en el sentido de un proceso que toma el camino inverso al propio psiquismo. Pero en el sueño esta regresión tiene la particularidad de que da como resultado la alucinación de una imagen sensorial. Que se visualice en el sueño es explicado por la interrupción durante el estado de dormir del flujo continuo en el sistema psíquico de las percepciones hasta la movilidad.

Las alucinaciones se producen también en estados patológicos de la vigilia, en la histeria y en la paranoia, siendo algunas de estas visiones similares a las del sueño. De la lectura de "Estudios sobre la histeria" sabemos que la visión de escenas infantiles elimina el carácter alucinatorio bajo el que se presentan, por lo que para el sueño sea considerado como una reanimación de la infancia del soñante, de las mociones que lo gobernaron entonces, debe contener escenas imposibles de reproducir mediante la imaginación o el delirio.

Lo que Freud parece decirnos es que el sueño se distingue por el recorrido que realiza dentro del aparato psíquico. El sentido habitual es que comience en los sentidos y se dirija hacia el cuerpo motor, quizá procedente del inconsciente, por lo que podemos considerarlo como una forma de regresión.

Una forma de realizar nuestros deseos

Freud se hacía muchas preguntas acerca del deseo en relación al sueño, por ejemplo sobre los bloqueos que habitualmente efectuamos a nuestro psiquismo para que no nos haga desear cosas prohibidas. ¿Se liberan todos estos deseos durante el sueño, o solamente los menos censurables?

De las diversas clases de deseos que puedan persistir después de la vigilia, sólo aquellos que no aparecen durante el día del adulto son aptos para la producción de un sueño. Por ejemplo, si soñamos que nos toca la lotería, nos aumentan el sueldo o que nuestro amor nos invita a la cama, no se harán sueño. Sin embargo, si volamos sin alas, peleamos con un monstruo o somos acosados por amantes insaciables de rostro impreciso, probablemente llegarán a nuestro sueño. Ahora bien, un deseo de esta clase no puede acceder a la conciencia por si solo y para ello se vale de dos elementos: uno es el tránsito que le permite soñar sin censura y el otro, un deseo preconsciente en la vigilia, aunque no sea del calibre ni la fantasía que otorga el sueño. El sueño –ya lo habrán deducido- magnifica todo, hasta las sensaciones corporales y las posibilidades, llegando a hacer posible lo imposible.

Por lo general, al dormir cesan las características físicas de nuestro pensamiento de vigilia, efectuándose una separación entre el cuerpo y la mente, tal y como percibimos cuando soñamos que debemos correr para escaparnos de un peligro y nuestro cuerpo onírico no obedece. Los restos de la vida diurna, en especial aquello no solucionado, intentan activar al aparato psíquico para que el cuerpo obedezca, pero el dormir lo impide. Normalmente dormir altera el inconsciente, y algo que preocupe al sujeto durante el día podrá cesar para procurar que caiga en un sueño adecuado, pero ello no altera nada fundamental en el inconsciente. Al día siguiente, allí está esperándonos a que lo saquemos.

La pregunta por los sueños desagradables, por aquellos sueños que no parecen revelar un deseo ni un temor concreto (¿quién tiene miedo real a ser devorado por una babosa del planeta Marte?), tiene su explicación cuando Freud establece que el placer o el temor no se deben entender como vinculados exclusivamente a nuestra vida cotidiana. En una nota de 1919 decía: "El cumplimiento de un deseo tendría sin duda que brindar placer, pero también cabe preguntar: ¿Estaba ese deseo realmente anclado en el inconsciente o la rutina diaria nos hacía creer que debíamos desearlo intensamente?" ¿Era esa chica tan perfecta y encantadora nuestro anhelo, o es que a fuerza de oírlo nos lo habíamos terminado por creer? Estas preguntas señalan muy precisamente la supremacía del conciente sobre el inconsciente.

En los sueños de angustia pueden quedar reflejados algunos de nuestros temores, por eso nos sentimos aliviados cuando nos despertamos, aunque nuevamente nos podemos preguntar: ¿Realmente soy así?

Otra clase de sueños desagradables son aquellos en los que nos inflingen un castigo a causa de un deseo no permitido, por ejemplo, violar a la vecina. Con ellos se demuestra que no sólo lo reprimido conscientemente participa en el sueño, sino el inconsciente. En el caso de que sea el inconsciente el factor determinante para estos sueños, deberíamos considerar que durante la vigilia el consciente determina nuestro comportamiento, lo contrario a lo que nos han dicho.

Hay indudablemente una larga lista de necesidades corporales en nuestra vida -comer, dormir, amar-, la mayoría de las cuales nos producen diversos grados de excitación. Sobre todas ellas prevalece el deseo de estar vivo, algo que ni siquiera pierden quienes afirman que "no desean vivir", una frase solamente apta para el consciente, pero no aceptada en el subconsciente. Esas necesidades tan vitales causan excitación y como quedan grabadas en la memoria tendrán consecuencias psíquicas, denominándose como deseo cuando no son satisfechas. Si las sensaciones son intensas y continuadas entonces aparecen durante el sueño de forma desvirtuada, necesitándose alguien que nos interprete el sueño y lo relacione con nuestra vida cotidiana. Sin embargo la explicación no produce el cese de la necesidad, quedando excluida esa creencia de que las angustias y temores anclados en nuestro subconsciente desaparecerán en el mismo momento en que los saquemos al consciente.

Llegado a un punto de pensamientos intensos aparecerá la alucinación, bien durante el día o durante el sueño. La insatisfacción moviliza todo nuestro psiquismo, elaborándose un sueño que en ocasiones visualiza, por fin, nuestro deseo. Qué liberación, pero también qué desilusión al comprobar que todo había sido, simplemente, un sueño. Por tanto, los sueños desagradables ponen en entredicho que en el sueño se trate de temores ocultos, ni que realmente deseemos que ocurra en la realidad aquello que hemos soñado. Hay personas que se horrorizan por haber soñado un incesto, el asesinato de un niño, o comer excrementos, mortificándose intensamente si sus creencias morales son muy sólidas. Si en el camino encuentran a alguien que les indica que esos son realmente deseos reprimidos, entrarán en un sufrimiento psíquico que les impedirá pensar con claridad. Aléjense de quienes le dicen que en realidad todos escondemos un asesino, un ladrón o un violador en potencia, pues es solamente la opinión de un ignorante de la condición humana. Lo que realmente hace feliz a una persona es otorgar felicidad a quienes nos rodean, y eso no debe ir unido necesariamente a ninguna creencia religiosa.

Que haya censura entre el inconsciente y el consciente preserva nuestra salud mental. Suele ser más sano nuestro psiquismo real que el del sueño, pues aquello que nos permite poner manos a la obra para mejorar nuestra vida es más saludable que lo que vemos en nuestras pesadillas. Pero entonces ¿por qué intentamos interpretar los sueños?

La formación del sueño

Freud pensaba que el deseo de despertarse en mitad de un sueño iba contra el inconsciente, considerando que lo que realmente necesita la persona soñadora es completar su sueño, fuera malo o bueno. Si el inconsciente no duerme jamás, ya que nada está realmente olvidado, solamente la censura puede impedirle que aflore. Cuando ello ocurre solamente tiene dos salidas: la descarga motriz (física) o la ligazón al preconsciente. Soñar permite cierto intercambio entre el psiquismo y el físico, despejando también el inconsciente para que aflore y solamente el despertar brusco anula este efecto.

Para que un sueño tenga lugar deben participar dos procesos psíquicos: uno, creando pensamientos correctos y similares a los normales; y el otro, actuando de modo incorrecto y extraño. El psiquismo tiende a alucinar o conseguir mediante sensaciones físicas la satisfacción anhelada y esta vivencia ocasiona el deseo de que se repita en cada ocasión, lo que no es probable. Sin embargo, ¿por qué los sueños dolorosos o aterradores, se repiten? Es decir, nuestros sueños no siguen los deseos del psiquismo proporcionándonos a voluntad delirios agradables y, por el contrario, manifiestan una inclinación morbosa por las pesadillas. A consecuencia de ello, la persona afectada por pesadillas intenta pensar en algo agradable antes de dormir, buscando apartar de su mente cualquier recuerdo molesto que esté albergado en el interior del pensamiento.

Los deseos que constituyen el núcleo de nuestras vidas (dinero, amor, placer) contradicen lo que aparece en nuestros sueños, y esto nos desconcierta. Es más, cuando logramos alguno de estos deseos no aparece el placer que pensábamos y en cierto modo nos desilusionamos por no sentir lo que presumíamos que ocurriría. Sin embargo, cuando tenemos un sueño esplendoroso, algo que ni siquiera figuraba en nuestras expectativas, la sensación física es mucho más intensa que en la vigilia. ¿Qué nos ocurre? ¿Por qué todo en el sueño, lo bueno y lo malo, se percibe con tanta intensidad?

Especialmente notorios son dos tipos de sueños: los sexuales y las pesadillas. Según la teoría de la psiconeurosis, la sexualidad sigue siendo el capítulo más conflictivo para el ser humano, pues tenemos más represiones que deseos satisfechos. Nos pasamos más tiempo deseando al prójimo que accediendo a él. Nadie puede hacer el amor con quien quiere ni en el momento que quiere, y eso abarca a todas las culturas. Sabido esto, entendemos que el sueño nos proporcione frecuentemente una válvula de escape.

La realidad

Definir la realidad como concepto es imposible, o al menos complicado. ¿Es más real lo que hace el cuerpo o lo que piensa la mente? Si depende todo de las sensaciones físicas, indudablemente los pensamientos nos proporcionan un mayor nivel, siendo muy notorios los estímulos sexuales cuando vemos unas escenas eróticas, lo mismo que cuando nos imaginamos mil desgracias ante la tardanza de un hijo que no retorna ni siquiera en la madrugada. Posiblemente sea el cuerpo quien realmente condicione a la mente y no al revés como nos han dicho hasta la saciedad, pues nadie que no haya sentido el roce de una caricia sobre su piel soñará que es de nuevo acariciado. Pero ¿dónde dejamos los sueños en los cuales volamos sin alas o nos caemos por un precipicio? ¿Cómo es posible que sintamos el roce del viento en nuestra piel si previamente no hemos tenido esa experiencia? Para responder a estas interrogantes no nos queda más remedio que hablar de nuestros genes, esa zona de nuestro cuerpo en donde están grabadas todas las vivencias de nuestros antepasados, y eso nos lleva a muchas personas y cientos de años atrás.

C. G. JUNG
Jung, Carl Gustav

Este psicólogo nació en Kesswil, en 1875, y murió en Küsnacht en 1961. Su rápida popularidad le llegó por haber sido discípulo de Sigmund Freud, aunque luego rompió sus relaciones con su maestro y formó su propia escuela. Sus libros han tenido una enorme influencia en la teoría y práctica psiquiátrica y psicoanalítica, especialmente su obra *"Psicología del inconsciente"* (1912), en la cual se distanciaba de su maestro en la gran importancia que éste daba a los aspectos sexuales en el surgimiento de la neurosis.

Jung difundió la división de la personalidad humana en dos grandes grupos: la extrovertida y la introvertida y diferenció cua-

tro funciones del espíritu, conclusiones que amplió en su libro *"Tipos psicológicos"* (1921).

Los cuatro diferentes arquetipos los empleó igualmente en el estudio de la psicología de la religión, perfectamente descritos en *"Respuesta a Job"*, 1952, y en su idea del inconsciente colectivo, basado esencialmente en el análisis de sus propios sueños, lo que no deja de ser una contradicción. Ahora sabemos que no se puede establecer una teoría universal basándose en la propia experiencia.

Igualmente que Freud se equivocó al tratar de ver en la sexualidad el origen de la mayoría de las neurosis, Jung se centró en culpar a la religión, teorías ambas que aún hoy cuentan con numerosos entusiastas.

Un pequeño razonamiento

Para apreciar las teorías y pensamientos de C. G. Jung debemos tener una comprensión general, una apreciación imparcial, y creer primero en el inconsciente, algo difícil porque no es un objeto concreto. No podemos sostenerlo, mirarlo y ni siquiera examinarlo con aparatos; es algo como la imaginación o el amor. Podemos ver sus efectos y podemos sentirlo, pero no podemos agarrarlo en nuestras manos para retenerlo. Esto ha ocasionado que la ciencia no pueda estudiar el inconsciente directamente y la única prueba de su existencia puede encontrarse en los funcionamientos complejos de la mente humana y el espíritu.

C. G. Jung dijo que el inconsciente no es necesariamente más inteligente, pero posee una información diferente a nuestra mente consciente y ello nos permite que veamos cosas que están en esos momentos difíciles de entender y admitir. Las experiencias inconscientes que se nos revelan en nuestros sueños nos aportan la libertad y movilidad que serían imposibles de obtener a través de la mente consciente. En un sueño nosotros podemos volar, por ejemplo, y no hay virtualmente ningún límite a las posibilidades en nuestras experiencias de sueño.

En el estado de sueño tenemos una oportunidad de acceder a nuestro inconsciente, a estos materiales privados que son exclusivamente nuestros. Es decir, a nuestras experiencias, problemas, y los dilemas de la vida que vienen a nosotros en sueños. Jung pensó que los sueños eran generalmente compensatorios en su naturaleza pues intentan mostrar los errores, desviaciones, y otros problemas menores de nuestra vida y personalidad.

Al interpretar un sueño, primero hay que relacionarlo con las experiencias cotidianas y sus emociones, intentando conectar el sueño a la vida cotidiana, pues los sueños que muestran elementos reales de nuestra vida son generalmente valiosos y nos ayudan a clarificar comportamientos.

Anatomía del sueño

Un sueño normal parece tener una estructura dramática que puede examinarse e identificarse:

Pase uno:
Al comienzo de un sueño hay una declaración de lugar y el protagonista queda identificado. Raramente hay una especificación de tiempo. Esta es la Fase de Exposición donde existe una escena inicial de acción, con todas las personas involucradas presentes, y la situación inicial, o el problema, del sueño se revela.
Pase dos:
En esta parte del sueño la tensión empieza a construirse. La situación se vuelve más complicada y mientras se desarrolla hay mucha incertidumbre acerca del resultado de la situación.
Pase tres:
A menudo la situación en el sueño cambiará de repente, o algo firme pasará.
Pase cuatro:
Esta fase no siempre está presente en los sueños. Es la solución al dilema del sueño, el resultado, o el final del sueño, aunque frecuentemente la trama queda inconclusa. Este resultado del examen final del sueño es un mensaje de la mente inconsciente al consciente. Si el soñador no consigue el mensaje, o si la mente consciente no se involucra con el volumen del sueño, la mente inconsciente seguirá enviando los mismos materiales hasta que se noten.

Los sueños son repetitivos en su volumen y mensaje, aunque no solemos prestarles atención, del mismo modo que bloqueamos los mensajes del inconsciente que pugnan por llegar al consciente.

EDGAR CAYCE

Edgar Cayce nació el 18 de marzo de 1977 y murió el 3 de enero de 1945. Conocido como el "profeta durmiente", es uno de los grandes místicos y psíquicos más importantes de América. Habitualmente se provocaba un estado de trance que le hacía parecer dormido y contestaba preguntas relacionadas a un individuo. Su información fue denominada como lecturas y al principio relataban la salud física del individuo (lectura física), aunque posteriormente hablaba sobre vidas pasadas, consejos de trabajo, interpretación de los sueños, y también salud mental o espiritual. Sus archivos están guardados en la ARE (Asociación para Investigación y Aclaración).

Según el escritor francés Louis Pauwels, que narra la asombrosa historia de este personaje en su libro "Le matin des

Magiciens" de 1060, Cayce era un hombre muy sencillo, sin apenas formación cultural, que cuando dormía era capaz de recetar la solución médica de cualquier enfermedad. Estas habilidades parece ser le llegaron cuando tenía apenas 5 años, después de entrar en coma a causa de un pelotazo en la columna vertebral. Él mismo le dijo a su médico, en ese estado de coma, y de viva voz, la causa de su estado y el tipo de cataplasma que habría que aplicarle. Desde entonces era capaz de recetar la cura de cualquier enfermedad por la que se le preguntase, con tan solo esperar a que se durmiera. Predijo el día y la hora a la que él mismo iba a morir, víctima de una enfermedad incurable que no quiso decir cual era. Interrogado durante su sueño sobre su manera de proceder (sin acordarse de nada al despertar, como de costumbre), declaró que se hallaba en condiciones de ponerse en contacto con cualquier cerebro humano viviente y de utilizar las informaciones contenidas en aquel o en aquellos cerebros, para dar el diagnóstico y tratamiento en los casos que se le presentaban.

CAPÍTULO 3

Diccionario de los sueños

Abejas

La presencia de abejas puede tener una gran variedad de connotaciones. El simbolismo positivo es que se trata de una persona trabajadora, que tiene buenas habilidades de organización, es cooperativo y creativo. El simbolismo negativo podría ser el de un discípulo fiel, un entrometido y de alguien que molesta con sus respuestas.

Abrazo

Un abrazo es un símbolo muy agradable. Hace pensar en amor y ternura, siendo simbólico de consuelo y protección. Hay que revisar los detalles en el sueño y buscar el significado positivo. El único momento en que este símbolo tiene connotaciones negativas es si se abraza o es abrazado por una persona negativa o alguien a quien se considera malo. Por otra parte, es un dulce y confortador símbolo.

Acantilado

El borde de un precipicio podría asustar, pero al mismo tiempo es una experiencia estimulante. Soñar con precipicios generalmente indica que el soñador ha llegado a un punto de entendimiento, elevación y conocimiento. Ha ocurrido un aumento en el nivel de la conciencia y a través del trabajo duro y perseverancia, el soñador puede haber alcanzado un mejor nivel de comprensión.

Aceite

El volumen del sueño le dirá si su mensaje es sobre la riqueza, religión, espiritualidad, o sexo. Tradicionalmente, se usa el aceite como una parte de muchos sacramentos religiosos, aunque también representa riqueza para las personas que lo poseen, y puede tener connotaciones sexuales. Indudablemente se trata de un buen sueño si el aceite es limpio, pero síntoma de nuestra falta de honestidad si está sucio.

Acuario

El agua de un acuario en todas las formas es un símbolo muy significativo. Puede representar emociones, el inconsciente o sexualidad. Antes de interpretar este símbolo primero hay que considerar otros detalles del sueño y la calidad global de la experiencia. El acuario podría representar una porción de la vida, pues son generalmente equilibrados y contienen pequeños ecosistemas. Las personas disfrutan con los acuarios porque encuentran alivio y relax. Así, el mensaje de este sueño puede ser una llamada para la contemplación y relajación. Puede representar vida en una escena pequeña como una compensación a la tensión y, en ciertos momentos, la complejidad aplastante de las experiencias diarias.

Agrupar

Este sueño, como casi todos, podría tener varios significados diferentes. Si se está acumulando material y guardándolo o reparándolo, pueden ocurrir cambios significativos en la vida. Por otra parte, el inconsciente puede estar organizando un cambio emocional. Algunas otras interpretaciones dicen que soñar con agrupar simplemente es una indirecta del inconsciente que indica que se está envuelto en demasiadas actividades y puede ser necesario empaquetar algunas de ellas y dejarlas para otro momento.

Agua

El río mantiene la vida y es el compuesto más abundante en todas las cosas vivientes. Puede representar el flujo de la energía, el camino de vida, o un pasaje de tiempo, aunque también puede simbolizar su bienestar emocional. Examine los detalles de su sueño: ¿Está el agua clara u oscura? ¿El río es rápido, turbulento, o se encuentra estancado? ¿Está flotando simplemente a lo largo de sus corrientes o controlando sus movimientos activamente? Considere estos factores y vea cómo se pueden asociar con la vida diaria.

Si se trata simplemente de agua hay que considerar que es un símbolo de sueño muy común pero poderoso y que su significado varía con los detalles y el humor del sueño. El agua es un símbolo profundamente espiritual que representa "el agua de vida" o "el flujo de vida". Las masas grandes de agua normalmente representan nuestro inconsciente y las molestas experiencias del alma. También simboliza las emociones y Freud pensó que los fluidos están envueltos en actividades sexuales, por lo que según él estos sueños tienen connotaciones sexuales.

Águila

Carl Jung dijo que los pájaros representan los pensamientos, mientras que los pájaros en vuelo simbolizan movimiento y el deseo de cambio. Los pájaros están generalmente asociados con la libertad y el abandono. En la interpretación de los sueños antigua, los pájaros eran considerados de buen agüero, y las palomas y águilas como símbolos generalmente espirituales.

El sueño depende de los detalles, pues si los pájaros en el sueño estuvieran volando libres, puede ser un símbolo espiritual, libertad psicológica, o física. Un águila es un pájaro poderoso y el mensaje inconsciente puede ser de prosperidad, éxito, y liberación del aburrimiento. El águila también es un ave de rapiña y pueden hacerse algunas connotaciones negativas. Si el águila está atacando o el sueño es pavoroso, refleja sus propios pensamientos agresivos y tendencias.

Agujeros

Los agujeros sólo pueden ser interpretados apropiadamente considerando los detalles y el volumen emocional del sueño. Agujeros en calcetines, vestidos, mobiliario, etc., pueden representar sentimientos de imperfección o depravación. Hay que prestar atención a cualquier circunstancia extraña o a la necesidad de reparar algo en su vida.

Los agujeros oscuros pueden simbolizar lo desconocido o la entrada al inconsciente. Si hay muchos sentimientos negativos o aterradores asociados con este sueño, posiblemente puede estar dándose cuenta de alguna situación problemática o molesta en su vida.

Ahogarse

Soñar con ahogarse es común y provoca miedo; sin embargo, puede tener una importancia positiva. Este sueño sugiere que la persona suele estar agobiada por emociones sin resolver, problemas antiguos, o una crisis actual. Le invita a buscar la solución de los conflictos, pues es necesario para poder empezar nuevamente. El brusco despertar sirve para que la persona trate de resolver eficazmente sus problemas y el negativismo en su vida.

Alien

De vez en cuando, las personas tienen sueños sobre OVNIS y alienígenas. Lo que estos sueños simbolizan, colectivamente o individualmente, es difícil de explicar y entender. Encontrarse y hablar con extraterrestres puede sugerir que están entrando en su vida cambios significativos, aunque de momento, las cosas se perciben extrañas. Si sueña que es el forastero, sugiere que se siente aislado de algunas personas o que se considera un extraño en sus ambientes inmediatos, invitándole a que realice una autoevaluación.

Alpinismo

Para un montañés una montaña real no siempre es divertida, ya que normalmente es un desafío y un premio. Algunos dicen que la montaña puede representar espiritualidad, mientras otros hacen pensar en el desarrollo mental y autoconocimiento. La interpretación más literal del alpinismo es que una montaña representa el logro de metas. Si está ascendiendo por una es que puede estar trabajando en algo difícil y que supone una prueba para lograr sus deseos, sean espirituales, emocionales, o materiales.

Alud

El material que constituye el alud es nieve, y la nieve es agua helada. El agua simboliza sus emociones, el inconsciente, y, en ciertos momentos, la vida. Por consiguiente, este sueño muestra rápida y violentamente las emociones y los pensamientos, seguramente porque se han declarado sentimientos que pueden haberse reprimido y estar agobiándole. Se puede tener este sueño durante tiempos muy turbulentos de la vida, preferentemente emocionales, o en ellos puede estar recordando y volver a vivir experiencias emocionales difíciles. Los libros antiguos de interpretación de los sueños dicen que el enterramiento por un alud puede producir buena suerte en el futuro cercano. Por consiguiente, piensan que es un sueño con dos caras.

Amarillo
Dependiendo de la intensidad del amarillo, podría tener efectos positivos o connotaciones negativas. Si el sueño tiene un humor agradable o feliz, el amarillo podría representar entusiasmo, energía, vigor, y armonía. Sin embargo, si el sueño tiene un tono indeseable, el amarillo podría representar el miedo y la incapacidad para tomar una decisión o efectuar una acción.

Ambulancia
Soñar con una ambulancia podría etiquetarse como un sueño de advertencia. En términos más modernos, la mente inconsciente puede intentar dar información sobre un acto involuntario. Hay que prestar atención al cuerpo físico y observar si la salud tiene algún problema. Por otra parte, este sueño puede estar apuntando a alguna situación urgente en la vida, por lo que hay que considerar todos los detalles. Examine su vida diaria y haga un esfuerzo por ver si hay algo que requiere su atención inmediata.

Amigos
Los sueños están llenos de simbolismo con sus mensajes de todo tipo. Es muy común soñar con los amigos y eso puede ser emocionalmente valioso, puesto que aprendemos a través de ellos. Los sueños son raramente proféticos, pero si en ellos tene-

mos relaciones amorosas con alguna amistad, no hay que interpretar que los sentimientos reales son así. Este sueño es para intentar plantearse los sentimientos hostiles que tienen hacia nosotros otras personas.

Amor

Para la mayoría de nosotros, el amor es una obsesión que dura toda la vida, incluso aunque vivamos solos. Nos preocupamos por el amor de nuestros padres, hijos, compañeros, jefes, amigos, y especialmente pareja. No hay nada más importante para nuestro bienestar emocional, psicológico, o espiritual que el amor, y para los más pequeños supone una parte vital de cualquier proceso de crecimiento. Pueden llenarse los sueños de imágenes de amor, amistad, compasión, y hasta lujuria, incluso con personas que apenas conocemos. Ser amado implica ser aceptado y tendrá por ello un sentido de pertenencia. El sueño puede ser sobre un deseo cumplido o para compensar una necesidad aún no cubierta. Puede ser espiritual o práctico, pero siempre trata con una parte significativa de nuestra psique o nuestro vivir diario.

Amputación

Este es un sueño aterrador que puede ser debido a la ansiedad y miedo. Hace pensar en sentimientos de frustración, cólera, e ineficacia por parte del soñador, aunque también puede relacionarse sobre un aspecto radical de algo de nuestra vida. Algunos creen que es porque estamos intentando librarnos de algo no deseable o necesario, o que el miembro o la parte que se amputan han perdido su poder. Según otros, el lado derecho del cuerpo está normalmente asociado con la habilidad para dar emocionalmente, psicológicamente y físicamente a sí mismo y otros, mientras que el izquierdo está unido con la habilidad de recibir. Esta teoría queda avalada por Carl Jung, quien dijo que el lado izquierdo representa el inconsciente, mientras el derecho indica el consciente.

Ancla

La interpretación del ancla es muy personal y cada sueño habla de manera muy personal. El símbolo del ancla podría tener un significado variante y depende de qué está pasando en su vida. Puede estar diciendo que necesita estabilidad y que por ello ha decidido echar el ancla ahora. Los sueños que involucran anclas son posiblemente indirectas que nos llegan desde el inconsciente y pueden hacer pensar en una necesidad para reflexionar y economizar.

Anillo

¿Ha soñado con joyería ornamental? Si es así, el anillo puede simbolizar sus compromisos y promesas. También puede ser considerado desde un punto de vista más amplio, como un círculo de realización y totalidad. Si el anillo es de mala calidad, debe interpretarse como una llamada de atención hacia un mensaje.

Animales

Carl Jung dijo que todos los animales salvajes indican afectos latentes, aquellos sentimientos y emociones de las que nosotros no nos damos cuenta. También simbolizan peligros, cosas perjudiciales y negativas, siempre a nivel del inconsciente. La interpretación de los animales en el sueño depende de la relación que tengamos con ellos en la vida diaria. Los animales representan las calidades en nuestro carácter o los aspectos específicos de nuestras personalidades. Podrían simbolizar nuestras partes más intuitivas e instintivas, o podrían servir como mensajeros para el inconsciente.

Ángeles

En los últimos diez años ha habido una apreciación renovada y de interés hacia los ángeles. Ellos representan bondad, protección, y el reino celestial. Como un símbolo en el sueño pueden intentar enfocar la atención del soñador en sus propias calidades divinas y en aspectos de amor. Algunos dicen que soñar con los ángeles es un símbolo de buena suerte, mientras otros creen que se ven ángeles en los sueños cuando hay un nacimiento o muerte en la familia, o en nuestro círculo íntimo de amigos. Los ángeles son símbolos místicos y espirituales, y tradicionalmente han sido los mensajeros de Dios. La interpretación de un ángel en el sueño depende de las propias creencias. Generalmente, el mensaje que viene al inconsciente puede ser de magnitud importante, así que se recomienda memorizar el sueño y pensar sobre todos los detalles e implicaciones.

Las personas suelen pensar en los ángeles y rodearse con imágenes suyas. Por eso ahora parecen haber ganado respeto y apreciación, y sus alas son su característica más famosa y valiosa. Las alas están asociadas con volar, que a su vez está asociado con la libertad y el dominio celestial. Soñar con las alas sugiere que podemos tener un deseo de ser "angélicos", una necesidad de protección, o querer resolver alguna dificultad actual o problema. Hay que considerar el humor del sueño y qué tipo de alas estamos viendo. Si fueron alas animales, hay que buscar el significado de pájaros. La superstición basada en los libros de interpretación de los sueños dice que si se oye batir alas al viento es que escucharemos buenas noticias. Sin embargo, se dice que batir fuerte y poderosamente alas supone una advertencia contra algo ilegal o actividades inmorales, específicamente aquellas en los que el dinero está envuelto.

Ansiedad
Quien experimenta mucha ansiedad en el sueño puede estar relacionado con sus dificultades actuales y la vida cotidiana. Los problemas pueden existir entre ver las cosas de la manera que son y la manera que nos gustaría que fueran. Los libros de interpretación más viejos sugieren que cuando se sueña con ansiedad todo irá mejor y sus problemas disminuirán. Sin embargo, siempre hay que tener presente la naturaleza compensatoria de los sueños. Si no estamos sintiendo ansiedad durante el día, podría ser que estemos ignorando algo importante y que aparecerá en el

sueño. Por consiguiente, hay que mirar los detalles de su sueño e intentar identificar las situaciones de ansiedad provocadoras en la vida diaria.

Apuñalar

Esta herramienta no tiene connotaciones positivas. Puede reflejar la inquietud y dificultad que estemos experimentando. Si somos nosotros quienes estamos apuñalando a alguien hay que recapacitar sobre las aficiones.

Araña

La araña es normalmente simbólica de un individuo duro y furtivo. ¿Estamos construyendo una tela de araña, o arrastrándonos en una? La tela de una araña representa el enredo y las complejidades generales de la vida y dependiendo de los detalles del sueño, también podría ser símbolo de un individuo sofocado en su vida diaria por un familiar o cónyuge.

Irónicamente, las interpretaciones de sueño más antiguas dicen que la araña es un agüero de buena suerte. Alternativamente, Carl Jung sentía que la tela de la araña era un símbolo de totalidad debido a su forma redonda. Los llamaba símbolos redondos y dijo que tenían un valioso significado para el soñador. Por consiguiente, la araña y su tela pueden ser considerados símbolos de sueños profundos y espirituales que requieren mejor conocimiento de uno mismo y animan a que encontremos satisfacción en la vida a pesar de lo compleja que es.

Árbol

La salud, el tamaño y la calidad global del árbol son indicativos de cómo nos sentimos ahora, aunque esta interpretación solamente será hecha cuando el árbol sea el punto focal del sueño. También, hay que considerar si el árbol está vivo con hojas, flores o frutos, o está muerto. Podemos ver árboles en nuestro sueño como parte de un paisaje o como símbolo secundario.

Arco iris

Los arco iris son puentes multicolores que se suelen ver en otoño en el cielo, pero no podemos caminar por ellos, ni siquiera para ir en busca de nuestra olla de oro o de la Ciudad Esmeralda. Actualmente, podemos experimentar gran alegría y tener extraordinarias ideas mágicas, pero hay que recordar que no podemos caminar por el puente del arco iris, salvo en nuestra imaginación. Normalmente un arco iris sigue a una tormenta y en este caso habremos finalizado un tiempo difícil, pues este símbolo puede representar el optimismo. Generalmente, los arco iris hacen a las personas sonreír y se sienten felices. Así, algunos pueden considerar este sueño como una señal de su buena suerte.

Arenas movedizas

Podemos estar experimentando sentimientos de impotencia e incapacidad para salir de una situación en la vida diaria. Este acercamiento del sentido común puede aplicarse fácilmente y con algún esfuerzo podremos examinar nuestros sentimientos y acciones simbolizadas en este sueño.

Armadura

La armadura podría representar los mecanismos de defensa, esas cosas que nosotros acostumbramos a emplear para protegernos mediante el rechazo y represión. Las barreras físicas pueden mantener a otros lejos, tanto como su carácter o conductas negativas y actitudes. En una connotación más espiritual, algunos creen que soñar con una armadura puede ser una buena señal, pues representa un escudo protector de las dificultades y tentaciones.

Armario

El armario en el sueño puede tener relaciones emocionales, psicológicas, o físicas. Se usan armarios para guardar cosas buenas que necesitamos, así como el material inútil. Emocionalmente, almacenan recuerdos, secretos, emociones preciosas y valiosos pensamientos. Hay que considerar todos los detalles del sueño e intentar ver el mensaje claramente. ¿Necesitamos limpiar el armario por fuera o por dentro, o compartir con alguien las cosas que hemos guardado en ese armario?

Armas

El arma en el sueño podría representar varias cosas diferentes, por lo que hay que prestar atención a los detalles y al humor del sueño. El arma podría simbolizar el órgano del sexo masculino, agresión, aspereza, y miedo. Este sueño puede tener connotaciones sexuales, o la mente inconsciente puede estar diciéndonos que albergamos sentimientos negativos y que debemos expresarlos más libremente antes de que se hagan importantes. En el lado más positivo de las cosas, el arma podría representar la necesidad de protegernos emocionalmente o físicamente, o ambos. Si el arma en el sueño se usa para herir o matar a alguien, hay que recapacitar sobre las dificultades actuales, sentimientos hostiles o argumentos serios que podamos tener dentro o con otros.

Ascensor

Entrar en un ascensor para bajar puede simbolizar ir de un estado de conciencia a otro, pero afortunadamente los mensajes del inconsciente pueden ser accesibles. Algunos creen que el ascensor puede ser un símbolo de aburrimiento y una vida sexual mecánica. En una nota más pragmática, el ascensor puede representar simplemente los altos y bajos de la vida. Si está ascendiendo, entonces podemos percibir la situación actual como optimista y ganas de cambio. Si está descendiendo, podemos estar experimentando algún negativismo e impotencia.

Asfixia

Asfixiarse, estrangular, o sofocar, indica que estamos teniendo dificultad para respirar y quizá en peligro de padecer un gran dolor. Este tipo de experiencia normalmente asusta mucho, y las personas se despiertan debido al miedo. El sueño puede tener varias explicaciones diferentes y los catalizadores pueden venir de fuera, por individuos concretos, tener un componente emocional y psicológico, o circunstancias propias de la psiquis del individuo. La sofocación es una situación extrema y el soñador puede experimentar grandes dificultades cuando la padece en sueños. Anímicamente puede tener dificultades para expresar su miedo, cólera, amor, o cualquier otra emoción poderosa y que están ahogándole literalmente en su sueño. La asfixia sugiere que estamos teniendo problemas para comunicar nuestros pensamientos, necesidades, y sentimientos. Adicionalmente, sofocar puede implicar que el soñador no quiere aceptar ciertas situaciones en su vida y se está sintiendo asfixiado por un problema actual.

Para interpretar este sueño con precisión hay que considerar todos los detalles, pensando sobre la vida diaria y esas cosas que causan gran tensión y restringen la libertad. Finalmente, hay que intentar conectar el sueño con la vida diaria y abrir el simbolismo que el sueño muestra.

Asno

Quien sueña con este animal en ocasiones menospreciado y en otras frecuentemente interesante y entretenido, puede tener varias interpretaciones diferentes y contrarias. Por consiguiente, es muy importante que se preste atención a los detalles y el tono emocional del sueño. Un asno puede representar humildad y honradez, pero también fingimiento. En el extremo opuesto de las cosas, puede simbolizar obstinación y una personalidad inflexible. También, puede representar a una persona que tiene muchas cargas y lleva una "carga pesada". De cualquier modo, el individuo simbolizado por el asno tiene calidades redentoras que incluyen desigualdad, paciencia, y lealtad. El problema es que cuando se enfadan pueden dar puntapiés con sus piernas posteriores.

Ataque

Las muestras investigadas sobre el ataque indican que la mayoría de estos sueños son frecuentemente más desagradables que agradables, pues el sueño se convierte en pesadilla con gran facilidad. Para entender el sueño hay que considerar todos sus detalles y pensar si somos los atacados o atacantes. Si somos la víctima, entonces quizá es que estamos sintiéndonos algo vulnerables en alguna área de nuestra vida diaria. Si somos el agresor puede ser que estemos padeciendo algunas frustraciones y enojos, expresadas mediante sentimientos negativos en la vida diaria.

Ataúd

Este símbolo evoca probablemente miedo, pero antes de hacer interpretaciones rápidas, considere cuidadosamente todos los detalles en este sueño. El ataúd podría simbolizar una falta de energía o vitalidad en el soñador o representar la muerte de una fase de vida y el comienzo de otra. La muerte descrita, por tanto, no debe ser necesariamente física y de hecho, algunas culturas creen que si nos vemos muertos en un ataúd, viviremos una vida larga y saludable. Al soñar con ataúdes, podemos estar contemplando la naturaleza de la experiencia de la muerte y acceder el estado de conciencia que se armoniza con el mundo espiritual. Simplemente, y probablemente, el ataúd en los sueños puede representar sentimientos de encierro y falta de libertad.

Ático

Cualquier parte de una casa normalmente representa una parte de uno mismo, pues soñador es igual a casa. El ático es la última parte construida. Considere los detalles del sueño y trate de deducir eso que su inconsciente está intentando decirle. Algunos creen que el ático simboliza el ego más alto, o el ego mejor, aquel que está en contacto con lo eterno. Otros piensan que el ático simboliza el total de la suma del trabajo de la vida o puede predecir lo bien que estaremos en la vejez. Si el ático está lleno de materiales, puede implicar que está logrando cosas maravillosas y manteniendo su potencial en esta vida.

Automóvil

El automóvil en el sueño puede simbolizar el ego físico, pero puede ser también la manera en la cual viajamos a través de la jornada de la vida. Considere todos los detalles en el sueño e incluya las emociones, como la dificultad del camino, la identidad del chofer o la dirección de la ruta. Los sueños de automóvil que se repiten normalmente tratan problemas de mando. Algunos dirían que hay que examinar si tenemos deseos de mando, aunque posiblemente se trate de que haya que aprender algo muy importante sobre nosotros. Hay que seguir en contacto con nuestras propias percepciones con respecto a lo bien que estamos navegando de una fase de su vida a otra, especialmente si somos los dueños o recibimos órdenes. Soñar con viajar en un automóvil es un tema muy común en los sueños y por ello deberemos aprovechar esta valiosa información con respecto a una fase particular de nuestra vida.

Bailar

Este puede ser un sueño feliz que sugiere que en algún nivel siente alegría, felicidad, y sentido de la victoria. Si no posee buen humor, y no se siente muy jubiloso, este sueño puede ser compensatorio en su naturaleza. Puede estar intentando equilibrar el negativismo y la tensión que siente en la vida diaria. La interpretación del sueño basada en la superstición dice que soñar con la danza predice tiempos felices. Dependiendo del volumen de este sueño, puede tener algunas connotaciones sexuales.

Ballenas

Para la mayoría de las personas, soñar con ballenas es una experiencia agradable. Estos grandes animales de agua pueden ser un simbolismo de la conexión que existe entre la mente inconsciente y consciente. Pueden representar el nivel del cono-

49

cimiento del soñador, su percepción e intuición. Algunos piensan que representan nuestro poder emocional o que son mensajeros de los reinos espirituales. Si las aguas del océano fueran turbulentas, y la ballena en el sueño fuera imprevisible o atacaba, considere el ambiente emocional en su vida de cada día. Bajo tales circunstancias desagradables, estos animales grandes pueden representar un problema agobiante emocional o psicológicamente.

Bar/Pub

Existe una fábula en la cual explican que un monje en una cima montañosa y un hombre con su botella de vino, están en realidad intentando conseguir los mismos resultados. El lugar se traduce como lugar de paz y un sentimiento genuino de estar conectados al resto del universo. Soñar con estar en una barra y beber, pueden simbolizar una necesidad para algún tipo de transformación significativa. Por otro lado, este sueño puede ser una forma de cumplir el deseo, y de que necesita escapar a un ambiente agradable donde los cuidados diarios y preocupaciones no tengan sentido. Si raramente se permite un poco de relax, este sueño puede ser compensatorio.

Baño

Tomar un baño en un sueño puede representar la necesidad de sufrir alguna forma de limpieza. Si está cambiando actualmente algunas cosas en su vida diaria, o si se ha librado de emociones molestas, este sueño puede ser una afirmación de eso. Tomar un baño representa una limpieza del ego exterior, el lavado de esas cosas que son difíciles o que perturban, por lo que necesita relajarse durante algún tiempo. El significado más profundo puede ser que el baño representa el alejamiento de las cosas viejas e inútiles, ideas, opiniones o prejuicios. A menudo este sueño es una llamada para relajarse, librar a la mente de los problemas diarios, y para apartar los problemas durante algún tiempo.

En nuestros sueños el baño es un símbolo valioso y sugiere que hay una necesidad de limpiar emocional y psicológicamente algo en nuestras vidas. Posiblemente necesite librarse de algún equipaje emocional y psicológico. Es difícil ser feliz cuando los problemas antiguos le aturden.

El baño, en suma, es un símbolo de buen sueño. Considere todos los detalles en el sueño y haga un esfuerzo para limpiar mente y espíritu apartando los pensamientos inútiles.

Barba

Normalmente asociada con masculinidad, sabiduría y fuerza, los hombres que la tienen suelen contar con el respeto de otros. Moisés, Jesús, Charles Darwin y Abraham Lincoln, todos tenían barba. Los antiguos libros de interpretación de los sueños dicen que soñar con hombres barbudos es un buen agüero, y que seguirá la buena suerte. Por otro lado, se dice que soñar con una mujer con barba es mala suerte. No son muy atractivas, pero en ocasiones una mujer fuerte, sabia y que efectúa órdenes tajantes para ganarse el respeto, es una criatura muy amenazante (para algunos.) Si es una mujer quien sueña que tiene barba, puede tratarse de sus propios problemas de poder. Puede estar usando energía masculina, copiando el modelo de los hombres, y posiblemente le gustaría hacerlo de modo diferente.

Barco

Como se mencionó en todos los símbolos de sueño similares, el agua representa su inconsciente, sus emociones y sus experiencias acumuladas en el alma. Dependiendo del volumen del sueño, podrían hacerse varias interpretaciones diferentes. El barco en el sueño podría representar la manera en que se navega a través de las emociones, o simbolizar el viaje soñado, una aventura y exploración del inconsciente, o una conexión con las personas del sueño señalando algo que todos tienen en común ("en el mismo barco".) Al interpretar este sueño, hay que considerar el tipo de viaje y de barco. Los libros de interpretación de sueños supersticiosos dicen que si el viaje es tranquilo, debe ir adelante con sus planes; sin embargo, si es un viaje muy tormentoso, se debe preparar para un disgusto emocional o desafío.

Soñar con un paseo en barco de cabotaje parece simbolizar las emociones altas y bajas que una persona está experimentando. Aunque este paseo puede ser divertido, también puede parecer fuera de mando e incluso puede ser una experiencia aterradora. Como un símbolo de sueño sugiere que el soñador puede necesitar lograr un equilibrio emocional mayor, pues los cambios en el humor y temperamento están siendo agotadores e improductivos. Si el sueño es emocionalmente llano y apático, entonces puede ser una forma de compensación.

Basura

La mente inconsciente puede estar indicando que el tiempo está poniendo cosas innecesarias en su mano. Revise, por tanto, el desorden que existe en su mente y ordene un poco su cuarto. La basura en el sueño también podría representar esas cosas del pasado o de hoy que no merecen la pena o que son literalmente basura. Se ha dicho que "la limpieza está al lado de la piedad," y hay algo de eso. La basura hay que quitarla de la mente, el espíritu y del cuerpo, no sólo porque es necesario, sino también porque está ocultando las cosas buenas en los sueños.

Bebé

Muchas personas sueñan que tienen bebés o niños pequeños en sus sueños. Si estos recién nacidos son extraños para nosotros, podemos asumir lo que ellos representan. Si usted es el bebé en el sueño está diciéndole algo sobre su desarrollo en un área particular de su vida. En momentos de gran cambio y renovación, un bebé puede aparecer en un sueño y representar nuestro potencial y un nuevo principio. Otros significados del sueño pueden ser obtenidos considerando lo que el bebé parecía estar haciendo.

Generalmente, los bebés representan la inocencia y son símbolos de la más pura forma de un humano y cuyas posibilidades son interminables. Sin embargo, si la apariencia de los bebés es mala, y si las interacciones con él son raras, necesitaremos considerar nuestro propio bienestar (psicológicamente) y pensar sobre qué experiencias personales y psicológicas nos ha impedido crecer.

Besar

En este sueño podemos estar expresando sentimientos que son difíciles de mostrar durante el día. Besar normalmente es una indicación de calor moderado, afecto, y felicidad. Si no recibimos bastante amor y afecto en nuestra vida diaria, entonces éste podría ser un sueño compensatorio, donde el soñador está confortándose. Si está besando el objeto de su afecto, el sueño podría ser una forma de cumplimiento del deseo. Otras interpretaciones dicen que si estamos besando a extraños puede tener una necesidad de conquistar. Si el besar es falso, es pretencioso, mientras que si vemos a nuestra pareja que besa a alguien más, podemos tener miedo de infidelidad.

Biblioteca

Puede estar intentando asimilar un poco de nueva información o idea. Una biblioteca es un lugar de aprendizaje y generalmente es una buena imagen de sueño. Sugiere que pueda estar cerca de resolver un problema o descubrir algo nuevo y excitante.

Bicicleta

Todos los vehículos simbolizan nuestro pasaje a través de la jornada de vida. Dado que la bicicleta es normalmente adquirida frecuentemente antes que un automóvil, podría estar señalando algunas de sus tendencias juveniles. Si usted es adolescente, entonces puede ser una manera rutinaria de conseguir algo de su entorno social. Montar una bicicleta en el sueño puede simbolizar necesidad de equilibrio y trabajo duro para conseguir tener éxito en un esfuerzo actual. Algunos piensan que la bicicleta también pudiera representar su necesidad por algún tipo de ayuda. Considere todos los detalles en su sueño, incluso si está viajando o bajando un camino.

Bolsillos

Desde un punto de vista freudiano, los bolsillos pueden simbolizar los órganos reproductores hembras. Sin embargo, para muchas personas este sueño puede tener un significado completamente diferente. Los bolsillos en sus sueños podrían representar esas cosas que usted guarda justo para sí mismo: su memoria, sus secretos, sus valiosas posesiones, o sus recursos internos. Si estuviera escondiendo sus manos en los bolsillos, sugiere que puede sentir cierto grado de impotencia o culpa, con respecto a alguna situación en la vida diaria.

Bosque

Los bosques pueden representar su inconsciente o su "espacio mental". Si está perdido en los bosques, puede ser una reflexión de sentimientos de confusión y falta de dirección clara. Los bosques oscuros y amenazantes pueden representar las áreas oscuras e inexploradas de la psique.

Bruja

La bruja en su sueño podría representar mal y fealdad o algo más deseable como un encantamiento de amor. La palabra bruja normalmente describe a una persona mala y sin corazón, y en su sueño usted puede estar haciendo asociaciones con respecto a alguien. Una bruja también podría representar poder, magia, y bondad. "Magia blanca" es una práctica popular y culturalmente significativa, tanto como la Magia negra. Sin embargo, tanto si es buena o mala, la bruja siempre intenta desafiar la ley natural y hace uso de un atajo para lograr una tarea.

Analice el mensaje general en el sueño: ¿es para revelar características negativas o para resolver sus problemas? ¿Habla de conseguir lo que usted quiere en la vida usando atajos? La connotación más positiva de este sueño podría ser que le anima a que resuelva sus dificultades usando creatividad e intuición y atrayendo partes poderosas y mágicas.

Búho

Es otro símbolo para el inconsciente. Normalmente representa sabiduría y virtud, y su inconsciente puede estar dándole masajes importantes para que preste atención a los detalles en el sueño. Se considera que el búho es el águila de la noche en la tradición india americana. Soñar con los búhos es un sueño poderoso que puede indicar que los cambios están de camino. La superstición sugiere que soñar con un búho es un agüero negativo que indica una inversión mala. Un búho en la casa predice argumentos familiares y cazarlo podría hacer que las cosas funcionen mejor.

Caballo

El caballo es un animal noble y poderoso. Como un símbolo puede representar una gama amplia de pensamientos positivos e ideas sobre el ego u otros. Dependiendo de los detalles del sueño, los caballos pueden simbolizar libertad, impulsos y energía sexual. En algunos casos pueden ser considerados también como mensajeros y recoger información del inconsciente al consciente, del espíritu al cuerpo. Si usted está sobre el lomo del caballo sugiere que se siente seguro y tiene cierto sentido de mando en su vida diaria. El color del caballo también es significativo y se dice que los caballos negros señalan retrasos; los caballos blancos refuerzan los aspectos positivos y de transformación de la vida; los caballos grises pueden apuntar las dificultades actuales del soñador; los caballos con pintas son simbólicos de confusión; los caballos castaños están asociados con persecuciones mentales; y los de color canela indican amor y sexo.

Cabra

Al interpretar los sueños con cabras, considere las características asociadas con estos animales. Los consideramos animales fornidos y tenaces. Históricamente, los corderos eran sacrificados y cuando criticamos encontrar culpable a un inocente hablamos de "chivo expiatorio". Adicionalmente, las cabras de la mitología pagana les consideran que son símbolos de vitalidad sexual.

Cachorros
El cachorro puede representar alegría, dependencia, y diversión descuidada.

Caerse
Este es un sueño común que normalmente representa los miedos subyacentes y los sentimientos de insuficiencia e impotencia. Interprete su sueño considerando sus miedos primarios, dificultades actuales, y situaciones en su vida que parecen estar en una escalera de caracol descendente, sobre todo esas situaciones que parecen fuera de su mando (financieras, románticas, etc.) Algunas personas creen que si nos vemos desplomar en un sueño y no nos despertamos es que nos vamos a morir pronto. Esto no es verdad, pues cuando nos caemos en un sueño solemos despertarnos de miedo y no debido al peligro de morir. La superstición dice que si nos caemos a una gran altura en el sueño y nos herimos, se avecinan tiempos muy duros; pero si nos caemos y no nos hacemos daño el mal será menor y temporal.

Calvo
Algunos creen que soñar con calvicie es una advertencia sobre una salud pobre. Sin embargo, la calvicie simboliza una falta de algo, especialmente porque el pelo representa sentimientos de poder personal y belleza. Considere si tales problemas son actualmente pertinentes en su vida.

Cama
Este es uno de los muebles más valorados. Es donde nosotros dormimos, descansamos, restauramos nuestras mentes y cuerpos y efectuamos el placer sexual. La cama es simbólica de todas estas cosas. También podría simbolizar el puente entre el consciente y el inconsciente, entre nuestro espíritu y nuestra mente.

La calidad y la limpieza de la cama en nuestros sueños, pueden decir algo sobre la manera en que nos sentimos con nosotros mismos y nuestras relaciones. En realidad nosotros "hacemos nuestra propia cama", por lo que el sueño puede reflejar esa cama y nos recuerda que tenemos que cambiar o quedarnos con algo. Si había cosas escondidas bajo la cama en su sueño, puede simbolizar secretos que usted u otros están guardando.

Quien sueña con una cama podría significar que puede tener necesidad por algo o por relajarse. La cama también tiene otro simbolismo. Por ejemplo, podría ser un objeto que plantea recuerdos calurosos, como aquellos de su primer amor, a quien usted acurrucó y besó por vez primera. Adicionalmente, mire los detalles de su sueño e intente determinar si su cama es símbolo de la necesidad de un psicoanálisis, como Freud aseguraba. La interpretación antigua reserva un significado algo extraño pero curioso a la cama, pues dicen que puede simbolizar un sentido falso de seguridad y que debe escuchar al consejo de otros sobre su amor.

Camino
Normalmente simboliza la jornada que tomamos para lograr nuestras metas. El camino en el sueño representa un camino en la vida. Podría ser el camino a su corazón, espíritu, o mente. Considere el tipo de camino que tiene delante e intente ver cómo se relaciona con sus realidades diarias. Si el camino es recto, bien definido y con suficiente luz, puede ser una señal de que está entrando en la dirección correcta. Si hay muchos obstáculos y el camino es muy duro, considere sus opciones.

Camisa
Cualquier tipo de ropa, sobre todo las camisas, generalmente representan nuestra apariencia mundana o estado. En ciertos momentos, pueden representar nuestras actitudes hacia nosotros mismos y hacia otros. Principalmente, representan la manera en que nos mostramos al mundo. No simbolizan nuestro ego privado sino el público. El uso que un hombre pobre da a su camisa

es diferente al del rico, del mismo modo que un doctor lleva una camisa diferente que el carpintero. El tipo de ropa que llevamos varía en cada situación y eso le dará pistas para el significado del sueño. Si está colocando o planchando muchas camisas, sugiere que se encuentra algo desconcertado sobre lo que quiere ser o cómo quiere que otros le vean.

Cáncer

Es un símbolo que no se debe interpretar literalmente. Los tumores en los sueños representan una variedad de procesos naturales psicológicos y emocionales. Representan todas esas cosas que molestan, perturban, encolerizan, o nos hieren y de las cuales no somos directamente responsables. Puede estar experimentando ansiedad y miedo como resultado de un mal hábito o una cierta situación delicada en su vida diaria. Sin embargo, si está muy angustiado y no puede sacarlo de su mente, mire en su salud o aspecto físico. Hay gente que considera que soñar con el cáncer debe ser considerado como una advertencia.

Canibalismo

Cualquiera que haya criado y educado a un adolescente sabe todo sobre el canibalismo. De un modo más serio este sueño puede reflejar la oscuridad, deseos destructivos y prohibidos u obsesiones. Los caníbales consumen las vidas de otras personas y, junto con el cuerpo, su energía. Al interpretar este sueño, considere esas cosas que de forma consistente lo agotan y le quitan su entusiasmo y la calidad general de su vida. Puede ser cualquier cosa, como un trabajo o una relación. Sin embargo, debe comprender que usted no es una víctima de la vida, sino su creador. Así, haga cambios que aumentarán su energía, pero no se lleve la de otros. Algunos creen que soñar con el canibalismo es un sueño que advierte al soñador que se aparte de cosas que son destructivas y menos honorables.

Canguro

Depende de los detalles del sueño, pues soñar con este animal interesante puede tener varias connotaciones diferentes. El canguro es un animal fuerte y poderoso. Tiene pies grandes que usa para la movilidad y su auto-protección. Su sueño puede tener que ver con problemas de fuerza, libertad para moverse, y su conexión con la tierra. Adicionalmente, puede estar indicando la necesidad de tener a su madre junto a usted o, al contrario, que alguien necesita que ejerza como tal. También, ver un canguro en un sueño predice viajes inesperados y excitantes.

Cangrejo

Al principio, mirar a un cangrejo parece ser un símbolo negativo. Podría representar a una persona "malhumorada" o con personalidad desagradable. Las garras podrían ser simbólicas de alguien perjudicial, o un lado de su propia personalidad. Puede haber demasiada dependencia a ser contundente en sus respuestas, aunque también puede simbolizar su incapacidad para avanzar eficazmente y dirigir sus propias dificultades. (Recuerde que a menudo el cangrejo se mueve indirectamente o atrás.) Algunas interpretaciones dicen que el cangrejo es un agüero de salud pobre. Hay una interpretación más positiva sin embargo, para el cangrejo de su sueño. En algunas áreas metafísicas, el cangrejo es el representante del mar y el cielo. Representa la nutrición física que puede obtenerse del mar y también la nutrición intelectual. Como con todos los animales que moran en el agua, el cangrejo podría representar también algo en el inconsciente.

Caras

Es muy común soñar con todo tipo de caras. Las caras extrañas y las caras familiares son igualmente imágenes frecuentes en nuestros sueños. Interprete su sueño considerando la cara y el volumen general del sueño. La cara de un extraño podría representar partes diferentes de su personalidad o psique. Usted piensa que está viendo a un extraño, pero en realidad está viendo una parte diferente de sí mismo. Jung dijo que es una parte de usted que llega al inconsciente.

Una cara cómica puede indicar que tiene una necesidad consciente o inconsciente para mofarse o desairar lo convencional. Las caras sin rasgos distintivos sugieren que puede sentirse inadvertido e ignorado. Por otro lado, algunos creen que la cara pálida o incierta representa a un maestro y que está allí para mostrar y enseñarle una lección. Las caras sonrientes son representativas de pensamientos felices y sentimientos y posiblemente la anticipación de un evento jubiloso en un futuro cercano. Siempre recuerde la naturaleza compensatoria de sueños y su habilidad para apuntar al lado opuesto del que usted experimenta en la vida diaria.

Cárcel

Si sueña con la cárcel puede hacerle pensar que ha hecho algo inmoral, ilegal, o un acto que merece castigo. También puede tener miedo de ser engañado emocionalmente o físicamente. Si usted es el carcelero, puede tener un deseo inconsciente de ejercer mando en otros o en una situación particular. De cualquier modo, este sueño sugiere que tiene obstáculos en su vida que pueden ser difíciles de superar.

Carta

Si sueña con recibir cartas, normalmente representa nuevas noticias, información, o mensajes de alguien específico, de su inconsciente, o del mundo en general. Si se ve enviando cartas por correo, este sueño puede tener connotaciones positivas para usted. Sin embargo, si el miedo es porque espera recibir facturas, entonces este sueño puede tener efectos negativos y causarle ansiedad. Habitualmente, sin embargo, soñar con cartas receptoras es positivo y, en ciertos momentos, posee connotaciones espirituales. Puede ser que esté entrando en un conocimiento mayor sobre algún aspecto de su vida, teniendo nuevas realizaciones, o consiguiendo saber la verdad de cosas que lo involucran. Algunos creen que ver muchas cartas sin abrir en los sueños puede representar oportunidades extras.

Casa

Es común soñar con casas. Normalmente simbolizan nuestros egos emocionales y psicológicos. Todas las experiencias, fases de desarrollo, y las partes de su vida consciente e inconsciente pueden estar representadas por esa casa. La casa puede representar también problemas acerca de un dilema particular en su vida, o le está pidiendo que sea comprensivo. De cualquier modo, si usted presta atención a los detalles en este sueño, podrá aprender cosas sobre usted.

Casarse

Soñar con casarse o estar en una boda es relativamente común. Si su reloj de tiempo biológico está haciendo tictac y usted está ansioso casarse, este sueño puede ser una forma de pedirle que realice su deseo. Sin embargo, una boda o un matrimonio en un sueño son un símbolo profundo y muy personal. Normalmente representa la integración armoniosa de la personalidad del soñador con alguna pareja. El matrimonio en su sueño puede representar la unión de los lados diferentes de su propio carácter. Este es un símbolo de sueño positivo porque hace pensar en el auto-conocimiento y la integración. Muchas personas sueñan con las bodas durante tiempos de tensión y dificultad. Otros creen que soñar con una boda es un agüero negativo que generalmente representa un periodo de pesar y posiblemente la muerte.

Castaño

Castaño no es el color más alegre en el espectro. Es un color muy serio que está asociado con la tierra, o la suciedad. El otoño es generalmente castaño y representa una estación de inactividad y conservatismo. El castaño en su sueño puede ser símbolo de que necesita agregar alguna luz y profundidad en su vida diaria.

Catarata

El agua de la cascada generalmente representa el inconsciente y las emociones. Una cascada es un símbolo de sueño positivo que hace pensar en una limpieza de las emociones negativas o problemas psicológicos. Una simple visualización o un ensueño de un lugar con una cascada, proporciona a la persona energía y refresco. Si la cascada en su sueño está agobiándole o es demasiado intensa para disfrutar de ella, puede representar la energía emocional y los paseos inconscientes que son muy difíciles de cubrir eficazmente a nivel consciente.

Castores

Son animales muy ocupados. Ellos roen todo el día y construyen sus casas. Generalmente no se considera que sean animales amistosos, aunque su aspecto sea agradable. Todo su duro trabajo está enfocado a aislarse y protegerse. Al soñar con estos animales, considere esas características e intente ver cómo ellos son iguales a usted o alguien en su vida. ¿Hay aislamiento y "bloqueo" de sus sentimientos en usted? ¿Algo está "royendo" su vida y necesita impedirlo? Si puede contestar estas preguntas, tendrá un mejor entendimiento de su sueño.

Cazador

Si está mirando una persecución o está participando en ella, tendrá una vejez cómoda. Aunque esto puede ser confortante, hay una visión más realista de esta actividad en el sueño. Si le están cazando, quizá está corriendo lejos de alguien o intentando escapar de cosas que le asustan y que son muy desagradables (posiblemente sus propios hábitos y conductas negativas.) Si el cazador es usted, puede ser que esté expresando algo de sus sentimientos agresivos hacia otros o siguiendo una meta muy difícil. En el nivel más profundo, si un extraño está cazándole puede representar una parte de su mente, como los esfuerzos inconscientes para llevar al consciente cosas que debe percibir con claridad.

Cazar

Acercarse furtivamente a muchas personas es un sueño desagradable que indica su deseo de pasar desapercibido. Si el soñador tiene estos problemas en su vida diaria, entonces el miedo experimentado durante el día puede entrar en el sueño. Sin embargo, la mayoría de las personas que tienen un sueño así no se comportan igual en la realidad. El sueño es simbólico y plantea que persisten ciertos problemas o que prevalecen las dificultades. El sueño podría representar un lado de su personalidad que intenta coger a la otra. Por ejemplo, si el soñador está haciendo algo perjudicial a sí mismo o tiene un mal hábito o afición, el perseguidor en el sueño puede representar esa parte negativa de la personalidad del soñador o de su vida. El perseguidor en el sueño podría representar su consciente, un problema que prevalece, o una meta que no consigue alcanzar y que le resulta imposible de seguir.

Celos

Quien experimenta celos en su vida diaria puede soñar también con ello. Si usted no es consciente de sus celos, su inconsciente puede estar dándole algunas indirectas. Los celos normalmente son el resultado de una inseguridad que puede ser razonable o irreal. Considere este sueño una experiencia de aprendizaje, pero sepa que no todos los celosos son culpables de ello y posiblemente tengan justificadas razones. Analice algunos de sus sentimientos de inseguridad o insuficiencia y entonces empiece a tratar con su pareja estos problemas.

Cementerio

Un cementerio es una colección de materia orgánica muerta. Es un triste y deprimente lugar que no refleja alegría, y menos aún esperanza, aunque todo depende de sus creencias místicas. Soñar con los cementerios puede ser una reflexión de su humor o pesar. También puede representar tristeza que llega por sentir que alguien a quien ama se le va, o podría representar algunas experiencias sobre su pasado.

Cercas

Las cercas o vallas representan su nivel de autodominio.

Quizá necesita más o menos de ello. Adicionalmente, este sueño puede expresar su necesidad para el retiro o puede connotar sentimientos entrampados. Los detalles de este sueño son vitales para su interpretación e incluye sus sentimientos mientras está teniendo el sueño.

Cerdo

Quien sueña con este animal debe considerar las características negativas suyas o de otros. No hay muchas características positivas asociadas con cerdos y en algunas culturas se considera que son muy "sucios" e incapaces para el consumo humano. En ocasiones, las personas se insultan llamándose "cerdos", incluso en sus deseos sexuales o actitudes. Los cerdos también son asociados con otras características negativas: la codicia, obstinación, y glotonería. ¿Es usted (o alguien importante para usted) un "glotón" con el dinero, tiempo, comida, energía, o posesiones personales?

Otras interpretaciones dicen que el cerdo en un sueño puede hacer pensar en un tiempo frustrante en asuntos familiares pero éxito en los negocios. En algunas culturas el cerdo es un símbolo de prosperidad porque las familias que poseen uno disponen de comida un año entero. Como un símbolo de sueño representa "el korist," que significa una valiosa posesión o un acontecimiento importante.

Cero

Los números que vemos en los sueños pueden ser difíciles de interpretar. Su significado es muy personal, e implica una reflexión sobre su situación financiera o cualquier otra área de la vida diaria representada por números. Una manera de interpretar los números es intentar ver cómo se relacionan específicamente con nosotros. Por ejemplo, si usted ve el número 25 en su sueño y el número de su casa es 12 mientras el número de su padre es 13, juntos hacen el 25, y este sueño podría estar indicándole problemas con respecto a usted y sus padres. Generalmente, si ve ceros como parte de un número, se interpreta como si fuera cualquier otro número. Por otra parte, los ceros pueden tener el mismo significado que un círculo. El círculo simboliza la infinidad, integridad, y totalidad, el círculo de la vida y lo desconocido. Las personas que sueñan con ceros puede haber tenido un grado mayor de conocimiento espiritual y el sueño podría ser espiritual en su naturaleza. Sin embargo, como siempre, examine todo los detalles en el sueño, así como su tono y humor, y vea la posibilidad de que esté "entrando en círculos", como el mensaje primario del sueño.

Cerradura

Si las cosas se cierran con llave y no tenemos la llave, entonces es imposible entrar. Considere los detalles en su sueño e intente descifrar el mensaje. ¿Es usted quien se ha encerrado dentro con llave, o se han cerrado las oportunidades? Las cerraduras en sus sueños pueden representar esas cosas que están actualmente inaccesibles para usted. Otras interpretaciones sugieren que las cerraduras son símbolos de seguridad y, en momentos, pueden tener connotaciones sexuales.

Ciclos

Las buenas noticias suelen ocasionar sueños cíclicos. Un mensaje que no puede terminar en el momento actual se repetirá en una fecha futura. El punto central de los sueños es hacernos conscientes de todos los aspectos nuestros, pero el esclarecimiento e integración de los componentes inconscientes y conscientes toman tiempo y deseo. Lo que no puede ver actualmente en un sueño se pondrá visible cuando pueda descubrir el mensaje. Esta definición también se aplica a la oscuridad.

Ciego

Aquellos que son literalmente ciegos no pueden ver el mundo, aunque pueden percibir imágenes con el ojo de su mente. Cuando el sueño es sobre ser ciego, el mensaje es de naturaleza psicológica y espiritual. La ceguedad en un sueño sugiere que el soñador no vea un aspecto de su vida o que puede haber una mancha ciega en la mente, corazón y/o alma. El soñador está amenazado por el material inconsciente procesado en el sueño, y no puede traerlo al consciente.

Cielo

El cielo representa toda la esperanza de las personas. Algunos no pueden convencernos de su existencia, pero todos tenemos ideas definidas sobre qué cielo nos gustaría. En sus sueños puede simbolizar felicidad, paz y descanso, amor, unión entre Dios y nosotros, y muchas más cosas positivas. Algunas personas trabajan para un "Cielo en la Tierra" y otros creen que hay muchos cielos diferentes y en sus sueños visitan aquellos que sienten en su alma. Cualquier sistema para creer es bueno, tanto como su experiencia en el sueño, pues estos sueños normalmente le dejarán un sentimiento positivo y con energía.

Cigarros

La interpretación de este símbolo, como con todos, depende de su relación con los cigarros. Si usted es un fumador o está rodeado por fumadores, los cigarros pueden ser una parte regular de su vida diaria que se ha traído hasta el sueño. Los cigarros podrían representar los símbolos fálicos o un símbolo de placer por las herramientas de destrucción. Generalmente, el cigarro es un objeto que conlleva gran importancia social y emocional. Cuando somos adolescentes, los asociamos con ser "mayores", atrevidos, y desafiantes. Para algunos adultos se convierten en un estilo de vida donde todas las emociones van acompañadas por un cigarro. Finalmente, cuando los adultos se ven cara a cara con la muerte, los cigarros se convierten en objetos perjudiciales, y fumar es una carga terrible y una maldición de la cual no pueden librarse.

Círculo

El círculo simboliza infinidad, el círculo de la vida y lo desconocido. Usted, el soñador, puede haber llegado a un grado mayor de conocimiento espiritual, y el sueño pudiera ser espiritual en su naturaleza. Carl Jung llamó a todas las imágenes redondas "mandala" (formas concéntricas para mejorar el equilibrio personal.) Es uno de los símbolos de sueño más importantes pues representan el centro psíquico de la personalidad. Es el símbolo de la totalidad, integridad y unidad del ego. Sin embargo, como siempre, examine todos los detalles en el sueño, así como su tono y humor.

Cizañas

Tener malas hierbas en un huerto es un símbolo que representa abandono. Sugiere que el soñador no ha estado cuidando su ambiente físico o psicológico regularmente. Las cizañas son indicativas de negativismo, así como del crecimiento de elementos inútiles y dañosos en la vida del soñador. Así como nosotros necesitamos desyerbar un huerto para tener plantas saludables, necesitamos eliminar el negativismo en nuestras mentes y vidas. Quitar las malas hierbas del huerto en sueños hace pensar en eliminar lo que nos ahoga y los pensamientos inútiles o acciones para mejorar nuestras relaciones.

Coche

La individualidad e independencia que nos proporciona el coche puede indicarnos la necesidad de independizarnos o liberarnos de las cadenas sociales. También es posible que se trate de un afán por adquirir potencia, lo que indicaría quizá cierta timidez que desearíamos eliminar.

El coche también nos lleva a lugares remotos, por lo que deberá analizar si este es realmente nuestro deseo; una necesidad por conocer nuevos ambientes y personas.

Cocina

Cuando cocemos algo transformamos la materia y los alimentos crudos los hacemos nutritivos y agradables. Soñar con cocer es una imagen positiva y sugiere que está optimista y productivo.

Generalmente los sueños que muestran la casa representan al soñador (soñador = casa) y a la cocina como el corazón de la casa. Para la mayoría de las familias, la cocina es un lugar de calor y nutrición (emocional, así como físico.) Examine las condiciones de su cocina en el sueño y podrá darse cuenta un poco de sus necesidades emocionales y sentimientos.

Cocodrilo

Esto frío y sangriento animal podría aportar varios significados diferentes en su sueño. Podría representar algo simbólico de su memoria, emociones, o una situación actual o un individuo en su vida. Algunos piensan que el caimán representa el poder verbal usado de una manera destructiva (palabras enfadadas y perjudiciales) y otros creen que representa a un enemigo. Considere los detalles en su sueño y su nivel de miedo. Este símbolo le debe animar a que mire algunas de sus más peligrosas emociones, recuerdos, y experiencias. Los caimanes en sus sueños empezarán a perder el poder para asustarlo cuando aumente su comprensión. Carl Jung dijo que todos los animales salvajes indican un afecto latente (sentimientos y emociones de las que nosotros no nos percibimos.) También simbolizan peligros (cosas perjudiciales y negativas) que están siendo tragadas por el inconsciente.

Codificar

Como con la mayoría de los sueños, busque las conexiones obvias comparando los detalles o el tema de su sueño con su vida diaria. ¿Está intentando deducir algo y encontrar una pregunta enigmática? ¿Desea esconder algo? ¿Está cerrando con llave algo o está abriendo la puerta? ¿Tiene este sueño alguna connotación sexual?

Colcha

Normalmente es algo caluroso y bonito con lo cual nos cubrimos para encontrar consuelo. Las partes diferentes de una colcha pueden representar la coexistencia armoniosa de muchos aspectos de su vida. Su inconsciente puede estar confortándolo en este sueño diciendo: "Usted está haciendo un buen trabajo. ¡Siga así!". Si le faltan entonces el consuelo y armonía este sueño puede ser compensatorio y proporcionarle lo que usted necesita en la vida diaria.

Conejos

Los conejos son cariñosos y listos. Son conocidos por su rapidez pero no por sus percepciones perspicaces o inteligencia. En nuestros sueños, los conejos pueden representar suerte, rapidez, fertilidad, embarazo, o magia. Sin embargo, también pueden simbolizar la falta del conocimiento o conciencia. Los conejos como símbolos de sueño podrían sugerir al soñador que a veces él reacciona demasiado rápidamente a las situaciones de la vida y que necesita más reflexión.

Colores

La mayoría de los sueños de las personas son en colores, pero con predominio de unos y otros. Los colores son simbólicos y su simbolismo es parte de la cultura. Nosotros nos comunicamos con color y relacionamos las ideas con ellos. Por ejemplo, una novia viste de blanco y el negro se lleva en los entierros. Los colores también representan energía y el significado que da a los colores en sus sueños depende del significado que da a esos colores en la vida diaria. Si "se pone rojo" cuando está enfadado, entonces el rojo simboliza enojo y nunca pasión para usted. Algunas generalizaciones se han hecho acerca del significado de los colores en los sueños, como por ejemplo:

Negro: depresión, tristeza, desesperación. Algunos creen que simboliza deseos sexuales ocultos.

Azul: la espiritualidad, el optimismo, los pensamientos positivos o la comunicación. Algunos creen que cuando se ve en los sueños es porque puede estar en presencia de su guía espiritual.

Verde: el dinero, celos, la salud, el amor.

Rojo: la pasión, sexualidad, cólera y advertencia.

Blanco: pureza, transformación, limpieza, dignidad.

Comer

Para interpretar este sueño adecuadamente necesita considerar todos los detalles, como qué tipo de comida estaba comiendo, si estaba comiendo exclusivamente, con extraños, o con personas familiares. Normalmente comer simboliza consuelo, placer, y amor. Nosotros usamos mal la comida diaria, pues la empleamos simultáneamente para nutrir nuestros cuerpos y llenamos nuestros sentimientos con comida. Comer es una parte de la vida y para algunos es un problema. Si está a régimen y por ello privándose de comida, entonces este sueño puede ser compensatorio. Si se siente solo o le falta calor humano, puede tener sueños comiendo. Básicamente comer en un sueño hace pensar en una necesidad de nutrición física, psicológica o espiritual.

Comida

Algo de carne abriéndose paso a codazos entre los macarrones pasa a nuestro inconsciente y nos trae recuerdos vívidos al despertar. La comida simboliza una gran variedad de cosas, como el placer y la indulgencia. Una dieta perpetua en el sueño podría tener un efecto compensatorio sobre la función de la comida que el individuo se niega durante el día y que, al menos, puede comer en sueños. Los sueños con comida podrían simbolizar nutrición física, mental, espiritual y emocional, adicionalmente.

Cometa

El mensaje que está surgiendo de su mente inconsciente puede ser de una libertad renovada o el logro de una meta. Las cometas están generalmente asociadas con los dulces recuerdos de la niñez y un sentido de abandono a la alegría. Si su vida diaria es difícil, este sueño puede ser una forma de compensación, o puede ser una anticipación positiva en las cosas que van a venir.

Competición

Soñar competitivamente implica que debe distinguirse de

otros sueños habituales. Si simplemente está corriendo sin una meta, puede ser una indicación de que necesita reducir la velocidad en su vida diaria. Si está compitiendo, necesita considerar sus recientes rivalidades y mirar los desafíos actuales con más realidad. Si está corriendo y gana, su inconsciente puede estar expresando la confianza que tiene en sí mismo. Correr en sus sueños también puede simbolizar la energía nivelada o la fuerza que tiene que consumir vida.

Comprar

Para la mayoría de nosotros ir de compras simplemente no es una necesidad sino un pasatiempo favorito. Es una fuente de dolor, placer, recreación, y, en momentos, tiempo de calidad con la familia o amigos. Dependiendo de los detalles en el sueño y su fondo emocional, soñar que se va de tiendas puede tener varias connotaciones diferentes. Generalmente, si ir de compras en su sueño no es una fuente de gran tensión y confusión, sugiere que esas cosas que necesita estén disponibles ahora. Su ambiente puede proporcionarle apoyo emocional, psicológico, espiritual o físico prontamente. Sin embargo, puede necesitar aprender dónde está exactamente, cómo seleccionar lo que usted necesita, y cuándo hacer una inversión sabia. Este sueño le invita a conocerse. Antes de que pueda preguntar dónde puede conseguir lo que necesita, primero tiene que identificarlo con precisión.

Cordero

El cordero se puede interpretar con precisión, pero hay que considerar todos los detalles en el sueño y su humor. El cordero podría tener un signo negativo o connotaciones positivas, y también podría reflejar algunas de sus características personales o atributos. En el extremo positivo, el cordero simboliza apacibilidad, calor, amor, inocencia, y espiritualidad (el Cordero de Dios.) Las interpretaciones más negativas de este símbolo serían que el cordero en su sueño es un sacrificado, o un cordero que va a la matanza.

Corona

Una corona hecha de oro y joyas simboliza poder, honra, y estado social. También podría simbolizar un logro o un pasaje hacia niveles más altos de conciencia o mejor conocimiento espiritual. Al interpretar este sueño, preste atención a qué tipo de corona es y quién está llevándola. Este sueño puede ser congratulatorio, como cuando nos felicitan por un trabajo bien hecho. Los diferentes tipos de coronas pueden tener significados distintos, pues sabemos que una corona divina era la que Jesús llevaba cuando le crucificaron. Todas las coronas son redondas y de esa manera plantean problemas de integridad y totalidad y apuntan al centro de la personalidad.

Corregir

El lado derecho del cerebro está asociado con la inteligencia fluida, el razonamiento no verbal, y la creatividad. En el sueño puede tener relación con una dirección o postura correcta. De cualquier modo, todo lo que suponga correcciones tiene normalmente connotaciones positivas. Puede estar enviándose mensajes a usted mismo sobre la adecuada senda escogida.

Correo

Las cartas normalmente van en sobres. Cuando vemos sobres en nuestros sueños, estamos soñando típicamente con recibir noticias, información, o mensajes de alguien específico o del mundo en general. Si usted es un individuo que aparece enviando correo, este sueño puede ser positivo. Sin embargo, si tiene miedo a los sobres, pues frecuentemente le traen facturas mensuales, entonces este sueño puede tener efectos negativos y de ansiedad. Típicamente, sin embargo, soñar con recibir cartas es positivo y puede tener connotaciones espirituales. Puede estar entrando en el conocimiento sobre algún aspecto de su vida donde está realizando nuevas cosas y necesita asegurarse que son buenas. Algunos creen que ver muchos sobres sin abrir en los sueños puede representar oportunidades extrañas.

Correr

¿Está compitiendo o está corriendo de algo? Debe considerar esos factores para tener una buena comprensión de este sueño. Si simplemente está corriendo, puede ser una indicación de que necesita reducir la velocidad en su vida cotidiana. Si está compitiendo, necesita considerar su trabajo competitivo y mirar más adecuadamente los desafíos actuales. Correr en los sueños también puede simbolizar la energía, o la fuerza que tiene que consumir en la vida.

Crucifijo

Una cruz puede tener varias connotaciones diferentes, o su interpretación puede ser multifacética. Puede representar su espiritualidad y la llegada de nuevos mensajes de su personalidad. Es un símbolo cristiano y deberá pensar sobre lo que significa para usted. La otra interpretación puede ser menos espiritual y más una señal de reflexión de cómo está sintiéndose. Una cruz es un símbolo de dolor y sufrimiento. Piense si está sintiéndose como si le están "crucificando" por algo que está haciendo.

Cucarachas

Ver o pensar simplemente en cucarachas es algo delicado y repulsivo para una persona. Al soñar con estos insectos asquerosos y ciertamente tenebrosos, la mente inconsciente puede estar indicándole que necesita revalorizarse y reimponer una parte importante de su vida. Nunca hay solamente una cucaracha y por eso las áreas de su vida que necesitan limpieza renovación pueden ser muchas. El negativismo o contaminación que representadas las cucarachas pueden afectar mucho su vida. Así, ésta puede ser una llamada para limpiar su ego psicológico, emocional, y espiritual. En una nota menos dramática, pueden asociarse las cucarachas en nuestros sueños con comida sucia, así que no deje para mañana los platos sucios.

Cuerpo

Generalmente cuando se sueña con el cuerpo sugiere que se

está soñando con su identidad personal. Tal y como nos mostramos a nuestro alrededor es como la gente nos ve. Nuestra autoestima y autovaloración dependen frecuentemente de nuestra apariencia física. Este sueño puede estar señalando algunas de las dificultades o placeres en la vida diaria que son el resultado de nuestra personalidad y que dependen de nuestros cuerpos físicos. El cuerpo es en general el símbolo del ego, y los detalles en el sueño le llevarán a una mejor interpretación. Adicionalmente, si está soñando con una región del cuerpo específica, o parte, considere su estado de salud.

Cuevas

Una cueva es un símbolo de buen sueño y de pensamientos provocadores. A veces, una mujer con problemas reproductores puede soñar con una cueva que representa el útero. La cueva, como el útero, puede representar una nueva vida, creatividad, calor y seguridad. La cueva puede ser un símbolo general de un lugar seguro, un santuario o un refugio. Si está experimentando mucha ansiedad en la vida diaria, en su estado de sueño puede retirarse a una cueva tranquila donde no puede ser perturbado por demandas mundanas. La cueva también podría representar las partes misteriosas e inexploradas de nosotros. Podría ser simbólica de la mente inconsciente, bien sea con un recuerdo agradable o una experiencia aterradora. Sus asociaciones personales y experiencias con cuevas, así como los detalles y el volumen emocional de este sueño, necesitan ser considerados cuidadosamente antes de hacer una interpretación.

Cultivar

Un huerto o jardín puede ser un símbolo de inocencia perdida o juventud. El folklore nos dice que soñar con jardines bonitos es símbolo de gran felicidad y amor. Si el jardín es salvaje, significa que puede tener dificultades pero con algún cuidado y atención es capaz de superarlos.

Dagas

Cuchillos y espadas podrían representar sentimientos significativos de enojo hacia usted y otros. Si usted mata o hiere a un enemigo en su sueño, su mente inconsciente puede estar animándole a que conquiste sus miedos. Freud pensó que todos estos objetos eran símbolos fálicos.

Decapitación

Este sueño sugiere que el soñador está perdiendo el mando. En una decapitación hay una separación dramática y violenta de la cabeza del cuerpo y bajo circunstancias normales la mente controla y dirige el cuerpo. Este sueño sugiere que el soñador pueda estar bajo el mando de sus paseos corporales y puede separarse de los pensamientos racionales y sentimientos. Esa disociación puede estar ocurriendo con respecto a una conducta extraña en la vida. Sin embargo, este sueño puede tener otros significados. Esto incluye una preocupación excesiva por el castigo e indica que supone una presión severa y ansiedad en la vida del soñador.

Defecar

Soñar que realizamos normalmente las habituales funciones excretoras representa limpieza y descargo emocional. Hay que mirar, no obstante, los detalles del sueño para obtener el significado y debe preguntarse qué emociones pueden estar atormentándole: ansiedad, cólera, burla, molestia, etc. Algunas interpretaciones sugieren que soñar con excrementos es un buen agüero que hace pensar en una ganancia financiera.

Delfines

Un delfín representa amigabilidad, vivir en comunidad, rescate, comunicación, y afecto. Son mamíferos que moran en el agua y en nuestros sueños representan nuestro buen carácter y la habilidad para navegar a través de las emociones. Representan pues mensajes positivos de nuestras mentes inconscientes. Los delfines también podrían representar una conexión positiva entre nuestra conciencia y esas partes de la psique que son un misterio inconsciente.

Desastres

Soñar con desastres naturales, como terremotos y diluvios, no es raro. Las personas normalmente tienen estos sueños en un momento de muchos cambios en sus vidas. La mayoría tiene sentimientos ambivalentes sobre el cambio y algunos se resisten incluso a los cambios positivos. Por consiguiente, los cambios rápidos en estilo de vida o algún tipo de crisis pueden provocar sueños de desastres naturales.

Desierto

Un desierto en un sueño simboliza el inconsciente y representa la separación del soñador de algo o alguien. Los desiertos son generalmente pobres en vegetación o vida animal. El desierto en los sueños podría estar planteando problemas de estancamiento y un periodo de pequeño crecimiento en su vida. También, el desierto podría representar su soledad y sentimientos de aislamiento. Sin embargo, si usted vive cerca del desierto o ama el desierto, éste puede ser un símbolo positivo. Para algunos el desierto puede ser un lugar donde poder comulgar con la naturaleza y sentir profundamente paz.

Desnudez

Estar desnudo en un sueño hace pensar en vulnerabilidad y exposición. Podría ser una compensación a qué está pasando en la vida diaria. Con este sueño el inconsciente podría estar animándole a que se ponga más abierto con sus sentimientos y más accesible emocionalmente. Adicionalmente, si se ve desnudo en lugares impropios, su lado rebelde puede estar saliendo a flote y con él su temor a que algunas personas no puedan aceptarlo por lo que realmente es. La desnudez en sueños sexuales tiene su propio significado, y para otras sugerencias vea "sexo".

Diablo

Quien sueña con diablos y demonios normalmente está muy asustando y suelen despertar de miedo. El diablo generalmente no representa algo fuera de usted, pues normalmente simboliza su parte más negativa y desarrollada. Puede ser esa parte que le hace ser ignorante y destructivo. Podrá determinar el significado y mensaje en su sueño si analiza cuidadosamente los detalles. Todos los sueños son buenos pues nos traen materiales inconscientes a la mente consciente, aunque algunos de ellos pueden mostrar los aspectos más desagradables de la personalidad. Carl Jung llamó a este lado negativo "la sombra". Los diablos en sus sueños podrían ser representaciones de su sombra personal o colectiva.

Diamante

El diamante es valioso, eterno, y muy precioso. Soñar con diamantes puede tener varios significados diferentes. Podría representar amor y dinero, así como verdades universales y la conciencia espiritual. El diamante es un objeto de deseo y simboliza aquello que es muy valioso para usted. Nosotros constantemente vamos en persecución de esas cosas que no hemos obtenido pero que deseamos y que estamos convencidos de necesitar para sentirnos completos. Su sueño puede ayudarle a que descifre lo que es más valioso en su vida y le aporte pistas dónde encontrarlo.

Dibujos animados

Ver un mundo de dibujos animados en sus sueños o ver a una persona como un dibujo animado, sugiere que su inconsciente está enviando mensajes para explicarle algo sobre la manera en que percibe el mundo. Los personajes de los dibujos animados, o los caracteres, sugieren que puede percibir las cosas o las personas de su alrededor como algo cómico o que no tienen apenas validez. Sus percepciones pueden demostrar cierta incapacidad para mirar las cosas como realmente son. El ojo de su mente tuerce las cosas para que esté más cómodo con aquello que está pasando a su alrededor. Si su mundo está lleno de tensión y este sueño le hizo reírse, considere su naturaleza compensatoria. En su sueño puede obtener momentos de diversión y deseos de compartir sus sentimientos.

Dientes

Soñar con los dientes es algo muy común en todas las culturas y grupos de edad. La mayoría de los sueños sobre los dientes deja a las personas intranquilas y ansiosas. Considere el volumen global y el contexto del sueño y vea si está teniendo problemas dentales antes de hacer la interpretación. Los dientes normalmente simbolizan poder y/o mando. Los animales usan sus dientes para la defensa y nutrición y muestran sus dientes cuando se enfadan. Los humanos despliegan a menudo conductas similares. Analice si está perdiendo o abusando de su poder y control en cualquier área de su vida, especialmente si está perdiendo dientes en su sueño. Otras interpretaciones dicen que soñar con dientes es un mal agüero que hace pensar en dificultades financieras.

Difuntos

En ciertos momentos solemos soñar con parientes difuntos o amigos porque los extrañamos. Estos sueños pueden estar perturbando nuestras emociones, pero probablemente pueden ser una forma de deseo no cumplido o estar basados en querer volver a viejas experiencias. Algunas personas creen que en sus sueños se encuentran con los difuntos en un plano interno y consideran reales estas interacciones. Es normal recordar a las personas que nosotros amamos y que han dejado ya su cuerpo físico. Por consiguiente, no es sorprendente que ellos de vez en cuando hagan presencia en sus sueños. Nunca descarte la posibilidad de que todo sea una comunicación real, pues hasta ahora los que niegan que exista algo más que lo que perciben nuestros sentidos no han podido evitar que millones de personas de todas las épocas y países piensen lo contrario. Si ha conseguido hablar con uno de esos difuntos, analice la conversación.

Diluvio

El diluvio está causado por una intensa lluvia y ese fenómeno abarca a cualquier abundancia de lluvia, riego o nieve, pues todas simbolizan emociones. Soñar con estar en un diluvio es una indicación de que el soñador está experimentando emociones poderosas que pueden estar agobiándole actualmente. El diluvio podría representar algo muy poderoso, o incluso violento, y una experiencia emocionalmente intensa. Pero no se preocupe, pues también representa el flujo de la vida y este sueño puede apuntar a sus sentimientos ahora agobiados. Dependiendo del volumen del sueño y su experiencia emocional en él, el diluvio también podría representar sexualidad.

Dinero

La importancia que otorgue usted al dinero en su vida se refleja en su sueño. El dinero es un símbolo de poder y riqueza. Nosotros nos juzgamos a menudo basándonos en nuestra habilidad para ganarlo, cómo lo guardamos, y gastamos. Primero considere su propia relación con el dinero y su situación financiera actual, pues este sueño podría ser un deseo simple. Como siempre, considere todos los detalles que acompañan a su sueño porque le ayudarán a que entienda dónde están sus problemas. Las interpretaciones de sueño tradicionales indican que perder dinero en un sueño es un buen augurio, y que probablemente pasará lo contrario. Generalmente, el dinero puede representar esas cosas que son muy valiosas para usted y no necesariamente el dinero en efectivo.

Dinosaurios

Los dinosaurios nos han fascinado siempre, a veces por simpatía, otras por temor, y viven ahora en nuestra imaginación e historia. Considere todos los detalles del sueño e intente atar estas ideas a algún aspecto de su vida. Los dinosaurios, dependiendo de si los ve como algo positivo o negativo, representan algo de su pasado o una característica personal que ha cambiado.

Dios

Sin tener en cuenta si nosotros creemos en un Dios o no, todos nos hemos expuesto varias veces a la idea de un ser supremo y omnipresente. El dilema de la existencia de Dios probablemente es la encrucijada más común de toda la Humanidad. Todos de vez en cuando hemos tenido un sueño sobre "Dios" y su simbolismo depende del soñador. Dios en nuestros sueños puede ser considerado como un símbolo positivo, pues representa la verdad, la pureza, y el amor. También representa la energía creativa que es abundante en todos nosotros, aunque para un cierto número de personas Dios puede tener connotaciones negativas. Para ellos podría representar el castigo eterno, la condenación, e invocar el sentimiento de culpa. La mayoría de las religiones consideran que los sueños son una senda hacia Dios o al reino espiritual. A través de los sueños tenemos oportunidad de tener experiencias que no están disponibles durante el día y nuestra mente inconsciente puede ser capaz de conectar al flujo eterno del espíritu y llevarnos a la morada del alma.

Disculpa

Este sueño siempre tiene algo que decir sobre nuestras relaciones, la relación que tenemos con nosotros mismos y con otros. Las disculpas están asociadas con el perdón y la honestidad. Considere los detalles de su sueño y vea si hay una disculpa necesaria para que mejore una relación particular o en alguna área de su vida personal.

Disparar

Disparar a alguien o ser disparado es una experiencia temerosa y violenta. Puede reflejar agresión, ineficacia, descargo de emociones fuertes y peligrosas, o simbolizar el final de una relación o situación particular.

Doctor

Soñar con un doctor puede representar una necesidad por la curación física, emocional, o espiritual. Se respetan a los doctores y su autoridad y normalmente seguimos su consejo y guía con respecto a nuestra salud. Dependiendo de su creencia en esa medicina, el doctor en su sueño también podría representar su ego más alto o la guía interna. Si está experimentando un problema de salud actualmente y los médicos son una parte de su vida habitual, este sueño puede simbolizar dificultades reales. Sin embargo, el sueño probablemente está basado en un evento pasado, una memoria, o se refiere a una necesidad actual para curarse, en lugar de una predicción del futuro.

Dolor

Cuando consideramos la interpretación del dolor en un sueño, primero hay que mirar la salud física. Si padece algún dolor en su vida diaria, puede llegar hasta su sueño. Adicionalmente, si el dolor es emocional en su naturaleza, cuestione los sentimientos dolorosos e intente identificar su fuente. El estado de sueño normalmente es una manera segura de experimentar sentimientos negativos que no se pueden compartir.

Dragón

Esta criatura grande, mística, puede representar fuerzas grandes dentro de usted. En el lejano oriente creen que los dragones son criaturas espirituales que navegan a través del aire y del cielo, y que existe una necesidad imperiosa para destruirlos. En el sueño el dragón puede representar el poder enorme en su inconsciente, así como simbolizar material inconsciente reprimido, incluso miedo. Sin embargo, para otros, el dragón en nuestros sueños generalmente es un símbolo positivo. Puede representar un periodo de tiempo en el cual el soñador confrontará sus miedos y los podrá anular eficazmente con emociones positivas, evitando el materialismo extremo, e intentando obtener libertad interna y externa mayor.

Drogas

La interpretación de las drogas en sus sueños depende de la relación que tenga con ellas en su vida diaria y si están prescritas por el médico o no. Si es un consumidor de drogas, entonces el sueño le muestra una extensión de lo que normalmente hace y necesita mirar otros detalles del sueño para conseguir una buena interpretación. Sin embargo, si no las usa, entonces este sueño podría representar una necesidad de mejorar, escapar de la tensión diaria, y un deseo de conseguir alivio rápido.

Podría también hacerle pensar en una necesidad para sanar y entrar en equilibrio. Su mente inconsciente puede estar haciéndole pensar en cosas perjudiciales que emplea ahora en espera de que consiga el mensaje de: "¡diviértete, saca tus angustias de tu cabeza!". El mensaje en el sueño sobre el uso de drogas lo le está animando a que las consuma, pero puede representar una necesidad para sentirse mejor o mejorar.

Elefantes

Los elefantes en sueños pueden representar conocimiento, impulsos, y fuerza. También son asociados con una buena memoria y piel espesa. Sin embargo, dependiendo de los detalles del sueño, el elefante puede ser símbolo de una gran carga. Adicionalmente, en el sueño puede estar haciendo esfuerzos para recordar algo importante y de gran magnitud.

Embarazo

Si usted tiene miedo de quedar embarazada, puede soñar a menudo con ello. En ciertos momentos, las mujeres aprenden sobre su embarazo en sus sueños. Su mente sabe todo lo que está ocurriendo en su cuerpo aun cuando no sea consciente de ello. Sin embargo, no tenga pánico, pues también podría estar embarazada simplemente con ideas. Los libros de interpretación antiguos dicen que soñar con un embarazo es un buen augurio para las mujeres, y una mejor relación íntima venidera. Para un hombre, es una advertencia contra el sexo ocasional.

Enanos

Para las personas de tiempos pasados los enanos no significaban lo mismo que para nosotros. Estas imágenes parecen representar, o aluden, a los poderes creativos infantiles en el inconsciente. Usted puede pensar en el enano como un "obrero" en su inconsciente. También podría representar alguna condición infantil potencial y que le influye en su vida. Considere los detalles y el tono emocional en el sueño y haga un esfuerzo por conectarlo a una situación en su vida diaria. El enano hace pensar en posibilidades para aprender y trae mensajes a la mente consciente desde el inconsciente.

Encías

Este sueño demuestra la incapacidad para librarse de masticar. Cuanto más se intenta quitar los alimentos de las encías más inmanejable se vuelve. En el sueño hay frustración y pánico porque cuanto más intente liberarse de lo que está en su boca, más grande es la masa. Este sueño sugiere que el soñador puede experimentar frustración en su vida diaria debido a problemas insolubles que siguen estando allí y que le están dejando impotente. El sueño representa una incapacidad para digerir o procesar la información o un dilema. También sugiere que el soñador no puede expresarse eficazmente y usa expresiones verbales repetitivas e ineficaces. Las encías masticando pueden ser una señal de conductas infantiles, vulnerabilidad, ineficacia, y una necesidad para nutrirse.

Enfermedad

La palabra enfermedad puede indicar algo literal. Antes de que empiece a interpretar este sueño en un nivel psicológico o metafísico, primero verifique su salud, pues podría referirse a salud física o emocional.

Si usted está enfermo en su sueño, por favor preste atención a su salud. En ciertos momentos nuestro inconsciente nos da advertencias antes de que seamos conscientes de cualquier síntoma. La salud emocional también puede estar incluida, por lo que debe cuidar sus relaciones y expresar sus sentimientos de manera positiva. Si alguien del que usted se preocupa está enfermo en su sueño, quizá está teniendo miedo de perder el apoyo y amor de esa persona.

Enojo

Este puede ser un saldo de su vida diaria. En nuestros sueños podemos experimentar y expresar estos sentimientos con frecuencia. Un gran enojo sintiéndolo en su sueño debe ser tenido en cuenta e intentar tratar sus emociones de una manera más apropiada y productiva.

Escalera

La escalera puede ser una reflexión inconsciente de su movimiento hacia una meta. Ascender generalmente es un símbolo más positivo que descender. La escalera sugiere trabajo duro y ejercicio de energía, así como también puede ser simbólica de ir al Cielo y por ello debe decidir si el Cielo está aquí en la tierra o allá. Los escalones perdidos pueden simbolizar elementos perdidos o penalidades e impedimentos que podría encontrar en su ascensión para mejorar o lograr cosas más grandes.

Escalones

Al interpretar este sueño, intente recordar sus sentimientos al despertar. Yendo por los escalones hacia arriba o abajo podría significar varias cosas diferentes, como cambios de conciencia, movimiento de un plano interno a otro, o un cambio. En un sentido más material, podría representar un cambio en su situación financiera, pues existe el riesgo de ver desplomarse su estado económico o social y necesitará realizar grandes esfuerzos para lograr sus metas. Subir escalones puede representar un logro de sus ambiciones y un movimiento en una dirección positiva. Descender puede simbolizar sus dudas o un periodo que sigue al trabajo duro y el logro de una meta significativa. Generalmente, soñar con ascender una escalera connota movimiento en una dirección positiva, mientras que descender es indicativo de un periodo bajo o flujo negativo de ideas o acciones

Entierro

Soñar con entierros o enterrar a una persona, necesariamente no simboliza la muerte física para usted u otra persona cercana. Podría simbolizar el final de un cambio. Puede estar enterrando relaciones, condiciones o incluso emociones que ya no necesita y que no le aportan nada bueno para su crecimiento personal. Por otro lado, este sueño puede simbolizar el entierro de sensibilidades y emociones que son demasiado difíciles para asumir. Puede reflejar un entumecimiento o sentimiento opuestos a la vivacidad, como depresión y vacío. De cualquier modo, enterrar a una persona viviente hace pensar en un poco de tumulto emocional. Por favor, considere todos los detalles en este sueño para encontrar el mensaje apropiado. Los libros de interpretación de los sueños dicen que soñar con entierros es un sueño contrario. En lugar de tristeza el soñador experimentará felicidad e irá a celebraciones.

Estrella

Los antiguos libros de interpretación de los sueños dicen que ver estrellas indica que sus deseos van a ser cumplidos. Incluso desde un punto de vista más pragmático parecen ser símbolos de sueño positivos, pues habitualmente representan la visión, suerte, fortuna, y los misterios del universo. Las estrellas representan esas cosas maravillosas que nosotros aspiramos pero que tenemos dificultad para obtener. Seguir una estrella es seguir un sueño, una visión, o tener intuición para una situación más deseable o posición en la vida. Así, las estrellas en sus sueños también podrían simbolizar guía interior o externa y verdad.

Esconder

En la vida diaria escondemos cosas que no queremos repartir con los demás por peligro de perderlas. Como niños, jugamos al escondite con ellas mientras que como adultos disfrutamos de descubrirlas. El tono emocional de su sueño revelará su significado. Si está escondiendo algo por peligro, entonces debe considerar esas cosas en su vida que le suponen una amenaza. Podrían ser fuerzas interiores o condiciones medioambientales. Generalmente, nosotros intentamos esconder nuestros propios negativismos y errores. Este sueño puede requerir una reflexión honrada de nuestras características personales y una evaluación de cómo influye el miedo en nuestras vidas a la hora de tomar decisiones.

Escorpión

Soñar con un escorpión puede ser simbólico de algo en su ambiente que es perjudicial y peligroso. Puede representar palabras amargas y actitudes muy negativas. La superstición dice que un escorpión puede constituir una advertencia y declara que si el escorpión en su sueño le mordiera, usted superará sus problemas. Sin embargo, si mata al escorpión, debe tener excepcionalmente cuidado con las personas que no sean sus amigos íntimos, o que son amigos falsos. Algunos creen que el escorpión es un símbolo de transformación.

Espejo

Es un símbolo de vanidad y superficialidad. Usted puede estar demasiado involucrado sobre su propia imagen y la manera en que se presenta al mundo. Algunos dicen que si ve una imagen clara, puede estar consiguiendo vislumbrar su verdadero ego. Los espejos rotos siempre parecen ser una señal de mala suerte o, por lo menos, representar algunas distorsiones en su vida. Puede considerarse que el espejo es una representación del intelecto en un nivel más profundo y si pensamos sobre esto, tiene mucho sentido. Nuestra identidad se conecta muchísimo a la manera en que nosotros nos mostramos, no sólo superficialmente, sino en nuestras características como hombre, mujer, joven o viejo.

Esqueleto

No debe considerar el hecho de que los huesos son símbolos de muerte. Si está soñando con un esqueleto necesariamente no significa que está soñando con la muerte física. Este es un buen sueño porque está diciéndole que puede empezar a necesitar llenar sus sentimientos, aventuras, trabajo, o entusiasmo general por la vida. Puede ser que su estilo de vivir y relacionarse con las personas haya estado "desnudo hasta los huesos" y su alma no puede esperar más.

Estudiar

Este sueño puede interpretarse en varios niveles diferentes. Si es estudiante puede haber perdido su autoconfianza. De cualquier modo, asistir a clase en un sueño es un recordatorio inconsciente de que hay una necesidad para un nuevo aprendizaje y que usted no puede haber aprendido una lección importante. La escuela no siempre puede ser una experiencia positiva, pero siempre es necesaria. ¿Le preocupa necesitar aprender más? Si fuera un maestro en su sueño, podría estar tratándose de problemas de autoridad. Desde un punto de vista espiritual, algunos creen que en el estado del sueño un individuo puede viajar a un plano interno o al reino espiritual, donde asistirían a clases que ayudan en el crecimiento espiritual.

Excavar

La interpretación de esta conducta en un sueño depende de sus circunstancias y los detalles. Generalmente se considera que excavar es un trabajo difícil o forzado. Podría ser que excavando descubriera la verdad o intentara llegar al fondo de las cosas, aunque también pudiera ser que estuviera "excavando su propia tumba". Por consiguiente, considere sus sentimientos en el sueño y lo que esté excavando. ¿Estaba trabajando en algo difícil, o excavando en tierra fecunda?

Excremento

Soñar con tener o ver excrementos no es algo raro. El excremento representa esas cosas que ya no se necesitan, cosas que son actualmente basura y necesitan ser desechadas. Este sueño puede representar un progreso psicológico saludable e indicar que está limpiándose de actitudes innecesarias y posiblemente perjudiciales, ideas, y emociones. En ciertos momentos, y dependiendo de los detalles del sueño, el excremento podría representar una área contaminada de su vida, material, o espiritual. Mire los detalles y considere si la imagen de excremento está relacionada con algo que ha estado intentando limpiar o si tiene tensión en sus pensamientos, confusión, y vive áreas difíciles e irresolutas de su vida. En algunas culturas se cree que soñar con excrementos es que prosperará pronto financieramente.

Extraño

La interpretación sobre ver o estar junto a un extraño, o extraños, en su sueño depende de los detalles y en sus creencias personales. Algunas culturas orientales creen que los extraños en sus sueños son espíritus de otra dimensión que pueden estar enseñándole lecciones o dándole mensajes específicos. El acercamiento más moderno para interpretar un sueño con extraños (también alienígenas), es que ellos representan lados diferentes o aspectos poco familiares de nuestra personalidad. Si el mensaje está viniendo de su inconsciente o de una realidad diferente podría ser no pertinente. Lo más importante es saber de dónde vienen los extraños.

Fantasmas

Algunos creen que las fantasmas en sus sueños son representaciones reales del muerto. Esta es una explicación improbable y lo más lógico es que el fantasma está representando una parte suya que no es cierta y que no entiende. En algunos sueños las fantasmas representan esas cosas inalcanzables o fugaces. El tipo demoníaco de imágenes de fantasmas puede representar sus tendencias negativas, partes desagradables de la personalidad o su "sombra". La superstición dice que soñar con fantasmas amistosos es un agüero afortunado, y que seguramente recibirá una buena suerte inesperada. Por otro lado, si está muy asustado por el fantasma de su sueño, entonces otros intentarán imponer su opinión sobre usted y debe estar vigilante sobre ello.

Felicidad

Si está experimentando tristeza actualmente es que este sueño le otorga un refuerzo para compensar y confortarlo. Tradicionalmente también puede considerarse un sueño contrario. La felicidad extrema en un sueño requiere una evaluación de la realidad diaria en un esfuerzo para identificar esas cosas que son difíciles y dolorosas. Se dice que soñar con niños felices es un buen augurio.

Flotar

Flotar en el agua puede ser un símbolo de flotar encima de sus emociones y estar en armonía con el inconsciente. Flotar a través del aire tiene el mismo simbolismo que volar. Normalmente, representa sus sentimientos actuales de paz y la libertad en general. En una nota más negativa, flotar podría ser también símbolo de alejamiento, falta de conexión o una necesidad para estar más conectado con la tierra. Para interpretar algún sueño apropiadamente debe realizar una autoevaluación con honestidad.

Flores

Cuando miramos flores, la mayoría sentimos un poco de alegría y vitalidad, aunque también apreciamos su belleza y vemos su valor. Las flores son bonitas y en nuestros sueños podrían representar los sentimientos más simples de alegría junto con los sentimientos más profundos de integridad espiritual. Una flor redonda es una señal amistosa que podría representar la totalidad, el centro psíquico de la personalidad. Adicionalmente, los colores podrían simbolizar los centros psíquicos en nuestros cuerpos llamados chakras. Las flores también representan la esperanza y el crecimiento positivo, junto con la simplicidad, inocencia, y posiblemente la virginidad.

Fotografía

Mirar fotografías antiguas aunque sean poco familiares en el sueño, puede ser una reflexión de cómo usted recuerda ciertas partes de su vida. Estos cuadros pueden representar la añoranza por un tiempo que ha pasado, aunque sin embargo, pueden hacerse otras interpretaciones. Algunos creen que puesto que la fotografía representa algo real, podría representar una decepción o distorsión de algún tipo. Alguien puede estar intentando venderle algo y encubriendo la verdad sobre ello, o tratando de engañarle. Hay personas que ni siquiera contemplando una vieja fotografía son capaces de reflexionar sobre su vida, lo que implica una seria advertencia. El sueño puede estar llamando su atención sobre eventos del pasado y recordándole que está cometiendo los mismos errores de nuevo.

Fuego

Este es un símbolo complejo que puede tener connotaciones positivas o negativas. Al interpretar este sueño, necesita considerar todos sus detalles y su respuesta emocional en el sueño. El fuego puede ser un símbolo profundamente espiritual que representa transformación y esclarecimiento. Por otro lado, podría representar peligro, cólera, pasión, dolor o miedo. ¿Está destruyendo el fuego en su sueño algo o simplemente le proporciona calor? ¿Está realizando actualmente alguna conducta negativa o dispone de otras opciones mejores? Su mente inconsciente puede estar advirtiéndole y animándole al mismo tiempo que debe modificar esas cosas en su vida que pueden ser perjudiciales y peligrosas.

Fumar

Es muy común para los ex-fumadores soñar con fumar. Este tipo de sueño podría llamarse cumplimiento del deseo o un sueño compensatorio. El fumador necesita fumar y si no puede fumar durante el día, por consiguiente fuma en sus sueños. Si está soñando con verse rodeado por los humos de otras personas, puede estar experimentando un poco de confusión y ansiedad en la vida diaria o con respecto a una situación particular. Fumar vacía a las personas de energía y estorba la habilidad del pensamiento para pensar claramente y actuar directamente para resolver los problemas.

Gafas

Si la persona en el sueño normalmente lleva gafas es símbolo de una extensión de su vida diaria. Sin embargo, si la persona no lleva lentes, o los lentes son el punto focal en el sueño, podrían hacerse varias interpretaciones. Usted puede necesitar hacer un "chequeo a la realidad" o preguntarse si está viendo el mundo a través de cristales color de rosa. De cualquier modo, su mente inconsciente puede estar animándole a que haga un esfuerzo por ver las cosas más claramente.

Gallo

El significado de este símbolo podría unirse al de los pollos o gallinas. Sin embargo, el gallo representa la energía masculina y posiblemente la agresión. Si alguna vez ha observado un gallo en un gallinero notaría que son muy agresivos y exigen su territorio. Este sueño puede estar apuntando a estas características dentro de usted u otros. Un gallo cantando es una llamada tradicional para despertar en una granja, mientras que en literatura es a veces simbólico de algún tipo de advertencia. Si el gallo en su sueño está cacareando, piense sobre su situación actual y si este sueño es una llamada de atención con respecto a una situación en su vida.

Garaje

Este es un símbolo interesante y muchas personas han pedido que sea agregado al diccionario. Viajar es un tema muy común en los sueños y viajar en automóvil es el más común. Generalmente, viajar en un vehículo puede representar nuestra jornada a través de la vida, o una porción de la jornada. Si en su sueño se encuentra en un garaje o un parking, pueden hacerse dos connotaciones diferentes. Por favor, considere el volumen de su sueño, el humor en él, y su dilema actual o situación en la vida. El automóvil estacionado podría representar un periodo de inactividad e indecisión en su vida. El sueño podría estar señalando que vive una buena época y que será así si sigue en movimiento. La interpretación más positiva de este sueño puede ser que el automóvil estacionado es símbolo de un periodo reflexivo o de humor. Puede estar durante algún tiempo aparcado para descansar, relajarse, reagruparse, y pensar en otras cosas.

Gatos

El gato tiene connotaciones positivas y negativas. Necesita considerar todos los detalles en el sueño para obtener una interpretación exacta. El gato puede ser un símbolo de sexualidad, feminidad, prosperidad y poder. También, un gato es un animal independiente, y en su sueño usted puede estar asociándose a alguien más con estas características. Normalmente el sueño está hablándole sobre usted y no sobre otros. Históricamente los gatos negros han sido símbolos de mala suerte. Si es un amante de los gatos y tiene uno como animal doméstico, el simbolismo no se puede aplicar a su sueño. Otras interpretaciones de sueño dicen que un gato es un mal agüero y que puede esperar engaño de aquellos en los que usted confía.

Gemelos

Si su sueño trae consigo dar a luz a gemelos, o si está soñando con bebés gemelos, vea mejor "nacimiento". Los gemelos en astrología representan oposición, y podemos emplear este simbolismo para explicar nuestro sueño. Los gemelos podrían hacer pensar en una dualidad en los pensamientos, ideas, sentimientos, o estados de conciencia. Los detalles del sueño le darán una pista sobre si estos aspectos distintos están en armonía o en conflicto entre sí. Los gemelos también podrían representar el equilibrio que es sumamente importante para nuestra salud emocional y psicológica. Otros libros de interpretación dicen que soñar con gemelos adultos predice problemas dobles seguidos por alegría doble.

Genitales

Este es un sueño sexual obvio que saca sus actitudes y preocupaciones con respecto a su sexualidad. Si está sintiéndose culpable, y están involucradas sus actividades sexuales (o una carencia de ellas), se reforzarán en estos sueños explícitos que contienen órganos sexuales. Si está soñando con los órganos sexuales de otras personas, puede ser porque vea involucrada su sexualidad en ellos. Normalmente, soñar con órganos sexuales tiene algo que ver con sexo, pero no necesariamente, así que considere todos los detalles.

Gotera

Cualquier tipo de gotera normalmente es una pérdida de energía y recursos. Si está soñando con goteras, puede querer considerar dónde está gastando energía y recursos, sea en su vida diaria, vida emocional o pensamiento. Adicionalmente, mire el sueño entero cuidadosamente y vea si la información está siendo goteada del inconsciente al consciente. El agua goteando puede representar las emociones, pensamientos, o visiones que entran despacio en la experiencia consciente del soñador.

Guerra

Soñar con una guerra o batalla sugiere que el soñador tiene un conflicto interior. Una parte de la personalidad o la psique puede estar batallando con otro por el mando y el sueño refleja esta guerra interna. Otra razón por soñar con la guerra es que puede enfrentarse con una situación que le exige ser agresivo y debe intentar un arreglo con la oposición. Los veteranos de guerra y otros que han luchado en batallas pueden, de vez en cuando, tener sueños basados en ese trauma.

Gusanos

¿Qué pensamientos le surgen cuando alguien le llama gusano? Cuando estamos soñando con estos animales, podemos estar reflejando los aspectos más negativos de nuestro propio ego. Los gusanos son normalmente asociados con debilidad y cobardía.

Son ciegos y generalmente se alimentaban de materia deteriorada. Si asocia estas características con cualquier individuo, indica que está viendo el lado negativo de las personas y que tiene una opinión generalmente baja de ellos (o de usted.) Si está soñando con los gusanos de la tierra, la connotación más positiva es que los gusanos realizan una contribución extraordinaria para la salud general de nuestro medio ambiente. Otras interpretaciones dicen que soñar con gusanos es una advertencia sobre salud pobre.

Hacha

Un hacha es generalmente asociada con destrucción y en las películas de horror populares se usa para matar a las personas. El hacha también puede usarse para tallar y crear arte, mobiliario u otras herramientas. Si el sueño fuera violento, entonces puede estar experimentando frustración, enojo y hostilidad. Si no había violencia en su sueño, el hacha puede interpretarse positivamente como un símbolo de productividad y creatividad. De cualquier modo, el hacha es una herramienta poderosa, y como un símbolo de sueño puede estar diciendo algo sobre su poder personal y expresión.

Helado

Comer, hacer, vender o servir helados sugiere que está contento y sintiendo satisfacción en su vida. Las cosas van bien y lo mejor está todavía por venir. Alternativamente, puede estar compensando en su sueño alguna falta en la vida diaria. Por ejemplo, tener poca "dulzura" o sinceridad durante el día pueden traer imágenes de helados en la noche.

Hermano

Es muy común soñar con todos los tipos diferentes de personas. Los hermanos son una fuente fantástica de material de sueño, pues son emocionalmente y psicológicamente importantes para nosotros. Estamos ligados a ellos en algún nivel a lo largo de nuestras vidas y por eso aparecerán en nuestros sueños de forma diferente. Normalmente aprendemos lecciones importantes sobre nosotros a través de nuestros hermanos y hermanas pues ellos son un reflejo nuestro, incluso de su amor, odio o cualquier otra emoción. Si tiene muchos problemas irresolutos con sus hermanos, es probable que aparezcan frecuentemente en sus sueños.

Hielo

El hielo, agua en forma sólida, está asociado con las emociones y la inconsciencia. Soñar con hielo sugiere que puede tener algunas emociones o que puede negar problemas psicológicos que no son fácilmente accesibles. Estos sentimientos pueden ser negativos, como el miedo y la ansiedad sobre la muerte o la frigidez sexual. Las cosas que están heladas generalmente no son utilizables y no cambian o crecen. Este sueño puede estar apuntando a sentimientos o pensamientos que son inaccesibles para el consciente o también que esa faceta suya es inaccesible a otros. Algunos manuales nos dicen que los sueños con hielo indican que puede tener una vida de consuelo y prosperidad.

Si se trata de patinar sobre hielo este sueño sugiere que pueda tener una parte de su vida emocional o psicológica estancada o inaccesible. Puede estar funcionando en su vida diaria sin tener en cuenta problemas grandes que está negando. Realmente es un símbolo de sueño bueno que le anima a que mire esas partes de su vida que debe renovar porque son decisivas para su felicidad.

Hombre lobo

El hombre lobo es una criatura que no existe en el mundo físico. Es un símbolo de un hombre que se convierte en un monstruo, una persona normal que transforma en un animal sanguinario. Los hombres lobos pueden representar algo en su vida o en su propia personalidad. Al interpretar este sueño, considere factores interiores y externos que generalmente parecen normales pero que tienen tendencia a transformarse en preocupaciones indeseables, perjudiciales, o peligrosas en su vida.

Homosexualidad

Es una historia frecuente en los sueños, pero los sueños sexuales no siempre tienen significado sexual. Suelen hablar sobre el poder, control, la identidad y otros problemas no sexuales de la vida. Si usted es homosexual, los sueños con respecto a esta particular orientación sexual no son infrecuentes. Son simplemente la extensión de sus pensamientos y sentimientos en la forma que le son más familiares y significativos para usted. Si es una persona heterosexual y está teniendo un sueño de homosexuales, puede tener una variedad de connotaciones. La interpretación de este sueño, como con todos los otros, es muy personal y las generalizaciones son difíciles hacer. Este sueño puede hablar sobre el amor, sobre todo si el otro individuo en su sueño es un extraño. El sueño puede hablar sobre integrar ideas y actitudes, y en otros sobre casos raros que pueden tener alguna orientación sexual. Los sueños sexuales no siempre deben explicarse de modo directo, como problemas sexuales, sino como compensatorios.

Horno

El simbolismo más obvio es sobre un útero. Puede estar teniendo un poco de miedo o anticipación con respecto a tener niños. Se dice que un horno caluroso es "fructífero" o positivo, mientras que un horno frío es lo opuesto. Por supuesto, un horno puede representar el gobierno de la casa simplemente y la cocina.

Hospital

Muchas personas dicen que han tenido sueños sobre los hospitales y la cirugía. Esto parece ser una escena de sueño relativamente común. La mayoría de nosotros solemos necesitar periódicamente una curación que puede ser física, psicológica, emocional o espiritual. Prestando atención a este sueño se puede identificar la fuente de su dolor, dónde y las necesidades curativas. Piense sobre por qué usted o alguien más estaba en el hospital en el sueño. Puede preguntarse, ¿Qué está pasando en el sueño? ¿Cuál es la cura? Contestando estas preguntas encontrará una situación sobre su vida diaria que le podría ser muy útil y, en momentos, clarificante. Por consiguiente, intente no perturbarse por su sueño, sino preste atención al mensaje. La superstición sugiere que si está visitando a un paciente es que recibirá noticias sorprendentes (buenas o malas), pero si usted es el paciente, puede estar agobiado actualmente en su vida y debe pedir ayuda a otros.

Hotel

Todos los lugares de morada generalmente representan la condición psicológica, emocional, o espiritual del soñador. El sueño puede reflejar una realidad actual, o un dilema que intenta traer al soñador a un mayor autoconocimiento. Al ser un hotel una morada transitoria, hace pensar en un lugar lejos de las responsabilidades de uno o la rutina. Como un símbolo de sueño podría reflejar una necesidad para la reflexión. Dependiendo de los detalles del sueño, la información específica puede determinarse. Por ejemplo, si el hotel es lujoso hace pensar en prosperidad y decisión positiva. Sin embargo, si el hotel es inadecuado, puede reflejar un tiempo de inquietud y depravación. Si el hotel en su sueño representa una retirada o escapismo es para que determine su realidad diaria actual. Finalmente, un hotel puede referirse a una fase temporal en la vida o puede ser una forma de compensación con la que el soñador alivia la ansiedad y la tensión experimentada durante el día.

Huevos

Los huevos son simbólicos de algo nuevo y frágil. Representan la vida y desarrollo en sus formas más tempranas y, como tal, las posibilidades son ilimitadas. También, los huevos pueden representar cautividad o arresto legal. Carl Jung dijo que los huevos representan nuestras almas cautivas. Por consiguiente, el huevo en su sueño puede muy bien represar algo más profundo. ¿Estaba atrapado dentro de la cáscara o se evadió de ella y era ahora libre para volar?

Huracán

Soñar con huracanes sugiere que el soñador esté pasando por cambios súbitos y desagradables en su vida. Indica que hay una tormenta emocional en la vida del soñador o en el horizonte. Los libros de interpretación consideran que el huracán en el sueño es una advertencia y recomiendan que el soñador no efectúe ningún riesgo innecesario. Adicionalmente, si está indeciso sobre hacer algo, no haga nada en absoluto.

Iglesia

Soñar con estar en una iglesia es más común de lo que la mayoría cree. Esto puede ser debido al hecho que la mayoría de nosotros fue a la iglesia cuando era niño. Desde una edad muy temprana teníamos que ir a la iglesia y nos enseñaban que había un Dios. Esto era importante en nuestra vida y para nuestras familias. Soñar con iglesias, catedrales, sinagogas, o cualquier otro lugar de culto puede representar nuestras asociaciones de la niñez con la religión. También, el sueño puede recordarnos una niñez enredada, aunque podría representar la necesidad por una espiritualidad mayor en la vida del soñador. Puede expresar creencias religiosas, ocurrencias cotidianas, problemas de seguridad, y deseos de comunidad o de expresión religiosa. Ninguno de nosotros puede escapar a las eternas preguntas sobre, "¿Quién soy yo?" y, "¿Qué significado tiene la vida?" Meditar sobre nuestra propia mortalidad física es un reto muy grande. Ambas mentes, consciente e inconsciente, están trabajando continuamente y nos aportan problemas de relevancia que se involucran en nuestras experiencias. Piense sobre los detalles de su sueño y haga un esfuerzo para entender su significado honestamente.

Incesto

Este podría ser un sueño sumamente perturbador, pero necesariamente no tiene nada que ver con el sexo y es posible que pueda estar preocupado por otros aspectos de su vida familiar. Si el sueño persiste, puede considerar la consulta a un psicólogo. Si está tomando decisiones importantes actualmente, no haga nada que sea moralmente cuestionable porque está experimentando ya sueños perturbadores asociados con tabúes que plantean sentimientos de culpa y vergüenza.

Infidelidad

Soñar con ser infiel sugiere que eche una mirada mejor a su relación actual. ¿Qué estaba haciendo su pareja en el sueño? Trate de comunicarse más eficazmente con su pareja y empiece a desarrollar esas áreas de su relación que necesita para mejorar. Entender este sueño puede ayudarle a entender su relación y el nivel de atadura a su compañero/a. Muchas personas escriben sobre "los sueños infieles", o que ellos están engañando, o creen que sus parejas les están engañando a ellos. En cualquier caso, están disgustados y ultrajados por soñar cosas así. Parece lógico que se conecten estos tipos de sueños a los sentimientos de insuficiencia o descontento. Si el compañero/a en su sueño fuera entonces un extraño total es que el sueño puede ser mucho más personal y profundo. Podría estar diciéndole algo sobre sus sentimientos sexuales más intensos y dándole pistas sobre la naturaleza de su inconsciente.

Insectos

Algunas interpretaciones prefieren referirse a insectos específicos. Sin embargo, la idea principal para interpretar este símbolo de sueño es que puede estar molesto actualmente por una persona o una situación en la vida. Use el sentido común y vea la impresión que le causa el insecto específico para interpretar su sueño. Por ejemplo, si está soñando con abejas que lo pican, piense sobre algunas de sus relaciones. Si está soñando con hormigas considere las interacciones sociales y el trabajo.

Intruso

Ver a un intruso irrumpiendo en su casa o hiriendo a alguien, puede ser un sueño muy aterrador. Dependiendo del nivel de miedo este sueño es, en momentos, una pesadilla. El intruso alterando la ley o irrumpiendo en su casa puede ser la representación de una parte inconsciente de su psique. Carl Jung llamaba a las fuerzas negativas las "sombras". El intruso puede ser un símbolo de sentido de culpa por su conducta. Por otro lado, puede representar el lado más negativo de su naturaleza. Si ha tenido una experiencia real en su vida con un intruso, a través de este sueño puede estar volviendo a vivir esa experiencia y permitirle eliminar ya su trauma.

Isla

Soñar con estar en una isla puede tener varios significados diferentes y podría ser muy revelador. Considere su humor en este sueño. ¿Era la isla un lugar de paz o soledad? Si la respuesta es sí, sugiere que pueda necesitar tiempo para sí mismo para la restauración y renovación. El mar o el océano generalmente simbolizan nuestro inconsciente. Así, si estaba muy solo o temeroso de las aguas de alrededor, puede ser una indicación que se encuentra solo involuntariamente. Puede tener miedo de los materiales que están bajo la superficie de sus pensamientos conscientes y sentimientos.

Jabón

Algunos símbolos de sueño son más difíciles de interpretar que otros. Usar jabón en un sueño parece tener connotaciones obvias, una necesidad para limpiar y purificarse. Considere todos los detalles de su sueño y piense sobre lo que necesita ser limpiado. Lavar con jabón podrían referirse a la limpieza de su ambiente físico, sus pensamientos y sentimientos, o la resolución de una situación particular en la vida.

Jarrón

Un jarrón es un símbolo de sueño que normalmente representa algo personal que tenga valor y belleza. Es un recipiente para el agua y las flores que son símbolos de sueños profundos y significativos. Si está soñando con un jarrón roto, necesita considerar las áreas de vida que parece estar cayéndose en pedazos y hay necesidad de repararlas. Puede ser su vida de amor, las relaciones familiares, la carrera, o cualquier área valiosa de la vida.

Jaula

Este símbolo de sueño sugiere que puede estar experimentando inhibición o ineficacia en algunas áreas de su vida. Adicionalmente, puede estar sintiéndose restringido y puede tener preocupaciones sobre su libertad personal. ¿Quién sostiene la llave de la jaula en su sueño? Considere todos los detalles en el sueño y busque su posible fuente, como la vida familiar, relaciones, pensamientos, sentimientos, o vida laboral.

Jesús

Si usted se encontró y compartió algo con Cristo, puede estar intentando encontrar una razón espiritual en su vida y sentimientos, o quizá una casa espiritual. Si está soñando con la crucifixión, puede estar experimentando sentimientos injustificados de culpa.

Jornada

Soñar con viajar en vehículos es muy común. Representa nuestro camino en la vida o una parte de la jornada de nuestra vida y puede reflejar algunos de nuestros miedos sobre el futuro. Para más detalles, busque el vehículo en particular.

Joyería

El significado de este sueño depende de sus preocupaciones actuales. Las joyas normalmente son una representación de valores materialistas. Las diferencias implican habitualmente que para un hombre este sueño simboliza riqueza material y para una mujer, amor. Requiere un análisis más cuidadoso contestando a las preguntas siguientes: ¿Qué tipo de joya es? ¿Es genuina o baratija? ¿Cómo reaccionó usted a ella y en qué era importante en el sueño?

Juegos

Las personas sueñan con todo tipo de juegos. Algunos son simples y habituales de la vida diaria, como béisbol o ajedrez. Otros juegos en los sueños pueden ser raros, increíbles, poco realistas, y algunos incluso son sádicos. Para interpretar el sueño debe considerar su contexto y sus reacciones emocionales en él. Algunos juegos simplemente son una forma de función de su inconsciente y puede incluso estar divirtiéndose con el sueño. En otros sueños los juegos pueden representar los desafíos en su vida, su naturaleza competitiva, o su vulgaridad. También le pueden señalar metas o ser una manera simple de distraerle. El juego en su sueño podría representar "el juego de la vida" y esto merece atención y consideración. Si está jugando a un juego extraño con personas de su vida diaria, considere sus interacciones con ellos y el papel que cada una tiene en su vida.

Laberinto

El laberinto podría representar su perspectiva mental actual. Un laberinto es un lugar que puede asustar y confundir. Si en su sueño se pierde en un laberinto y está teniendo dificultad para salir, entonces necesita detenerse y considerar su estado emocional y psicológico. Puede ser que esté equivocado en algo. ¿Cuándo habla, se confunde a menudo y se encuentra inseguro? Si ahora se encuentra enfrentado a muchas decisiones importantes posiblemente este sueño es un buen indicador para que revise sus actos. Edgar Cayce dijo que estar en un laberinto en un sueño puede ser simbólico de una gran desorganización emocional. En ocasiones estamos emocionalmente confundidos, pero admitiendo el mensaje de este sueño lograremos dar un paso en la dirección correcta.

Labios

En la cultura los labios son símbolos de sexualidad y sensualidad. También representan la comunicación. Dicen que si ve labios bonitos en sus sueños es porque espera eventos felices, pero si ve labios feos o deformados, le llegarán problemas.

Lago

Todos los cuerpos de agua generalmente representan nuestras emociones y nuestro inconsciente. Los libros de interpretación dicen que los lagos están asociados con sentimientos románticos. Si el lago es tranquilo, su vida amorosa probablemente está en buena forma y le hace sentir seguro. El agua tormentosa le indica que quiere atarse y que debe prepararse para un paseo complicado. Si ve a un monstruo en el agua, su inconsciente puede estar sugiriendo que tiene una competición (o algún problema inadvertido).

Lápiz

Un lápiz en su sueño puede ser simbólico de su necesidad de comunicarse con otros. Nuestra habilidad de comunicarnos a través del idioma escrito es una parte sumamente importante y necesaria de la vida. Cuando tomamos nuestra pluma y escribimos un cheque para pagar facturas, también puede ser considerado una forma de comunicación. Escribir es una forma de auto expresión que nos proporciona otra manera para pensar y expresar nuestros pensamientos. Soñar con escribir puede ser un estímulo para escribir en realidad y comunicarse.

Lengua

La lengua se usa para comunicar, nutrir el cuerpo, y dar o recibir placer físico. Después de considerar los detalles de su sueño, vea en qué categoría puede encajar su mensaje. ¿Está usted asustado por las personas chismosas o de lengua malvada, o tiene otras preocupaciones con respecto a esta parte del cuerpo? La lengua extendida puede ser un símbolo de burla, lujuria, agotamiento, o sed. Considere sus necesidades actuales y vea si cualquiera de ellas está dirigiéndose en este sueño.

León

Carl Jung dijo que todos los animales salvajes indican afectos latentes, aquellos sentimientos y emociones que no mostramos en su momento. También son simbólicos de peligros (cosas perjudiciales y negativas) que permanecen en el inconsciente. El león es un símbolo de distinción social y dirección.

Libros

En nuestra vida diaria, los libros son una fuente de información y un lugar para ganar conocimiento. Pueden ser inspirados, y sus mensajes a veces son tan fuertes que cambian nuestras vidas. Los libros en los sueños pueden representar nuestros recuerdos, la comprensión, las ideas, o los puntos de vista. Pueden alertarnos de que tenemos algo nuevo que aprender y que debemos pasarnos más tiempo en dominar nuevas tareas. Preste atención a qué tipo de libro está viendo en su sueño y su propósito en el contexto mayor del sueño. También, note si lee cualquier pasaje o mensaje específico del libro. En algunos momentos el libro puede estar apuntando a nuevos temas o propósitos en su vida y debe prestar atención a ello. La mente inconsciente constantemente está haciendo esfuerzos para comunicar con el consciente de tal manera que el soñador lo reconocerá sin pánico o rechazo. Otras interpretaciones dicen que si está soñando con libros, puede asegurarse un progreso lento pero firme en su vida.

Lobos

Los lobos pueden tener significado positivo o negativo y representar cosas buenas o malas en los sueños. Podrían reflejar hostilidad, agresión, y apetitos feroces. En algunas culturas, los lobos representan la energía femenina y en otros la masculina. En la cultura americana tradicional, el lobo es el símbolo de un maestro misterioso y maravilloso. Se considera que los lobos son guías poderosas que ofrecen sabiduría y esclarecimiento. Cuando interprete su sueño considere sus sentimientos y el humor al despertar. Si usted estuviera magnetizado y no asustado, entonces dé significado positivo a su sueño y acepte su mensaje.

Luna

La luna es un símbolo interesante que ha sido asociado con el lado irracional e intuitivo de las cosas. Dicen que efectúa las mareas del océano, y se ha unido a la locura y el amor. Cuando un símbolo de sueño puede representar diferentes cosas, hay que prestar atención a los detalles en el sueño antes de hacer conclusiones sobre el significado. La luna podría representar el romance y nuestros impulsos terrenales y pasiones. Podría revelar cosas sobre la naturaleza de nuestra alma y el inconsciente. Para esas personas afortunadas, la luna puede reflejar su paz interna y sentimientos de serenidad y seguridad.

Luz

Si está soñando o despierto, la luz es un mismo símbolo positivo. Representa esclarecimiento y salir de las sombras, la adquisición de la comprensión y el conocimiento, y una fuerza positiva. Dependiendo de los detalles del sueño, puede ser espiritual o físico. Para algunos, la luz puede representar una fuerza más alta o puede impulsar la presencia de Dios, o rayos de amor y paz. Otros pueden encontrar este sueño tranquilizador o simplemente una solución a un problema actual. La luz siempre se refiere a la conciencia.

Llorar

En nuestros sueños experimentamos una gran variedad de emociones. Generalmente llorar en el sueño tiene el mismo significado como llorar en la vida diaria. Es un descargo de las emociones negativas, frustración, o miedo. Por otro lado, podría estar experimentando lágrimas de alegría. Debido a veces a represión o rechazo, las personas son incapaces de expresar sus sentimientos. En el sueño algunos de nuestros mecanismos de defensa pueden relajarse y ocurre un descargo emocional. Algunos sueños emocionales pueden ser compensatorios en su naturaleza. Así, si usted nunca llora en la vida diaria, puede llorar en sus sueños.

Lluvia

La interpretación de lluvia depende de sus circunstancias actuales así como el tipo de lluvia que está cayendo. La lluvia limpia, refresca, y proporciona vida dando humedad. Dependiendo del soñador podría hacer pensar en un periodo de renovación y fertilidad, reproducción o creatividad. Sin embargo, las nubes oscuras y un fuerte aguacero indican sentimientos de aislamiento e impotencia. Por otro lado, el aguacero podría representar los materiales inconscientes y las emociones que intentan entrar en la mente consciente del soñador.

Madre

La relación que tenemos con nuestra madre es psicológicamente una relación significativa e importante. En casi todos nosotros las madres siempre invocan emociones poderosas. Podemos soñar con nuestras madres de muchas formas diferentes, pero también puede ocultarse en nuestros sueños, y debemos tratar de encontrarla allí. Si está soñando con su madre, puede estar dirigiendo algunos problemas o preocupaciones a su sueño, o su sueño puede estar basado en una valiosa memoria. La imagen general de la madre en un sueño puede simbolizar una gran variedad de sentimientos e ideas: cuidados, alimentos, amor, aceptación, trabajo duro, sacrificio, etc. La madre en su sueño también podría representar la colectividad inconsciente, la fuente de la vida, y el Yin.

Carl Jung sugiere que las mujeres en los sueños representan nuestra colectividad inconsciente y los hombres la conciencia colectiva. Así, la mujer es esa fuerza que dentro de uno le inspira, mientras el padre es quien le empuja a realizar sus deseos. Los hombres, por otro lado, representan la parte activa de nosotros en el uso de la información necesaria para crear la realidad física de nuestras vidas. Cuando los dos están trabajando juntos bien, tenemos el equilibrio, el conocimiento y la experiencia que llevan a la paz y la productividad.

Maestro

El significado de este sueño depende de sus propias experiencias con maestros o profesores y, por supuesto, las circunstancias en su sueño. El sueño podría estar hablándole de sus problemas con la autoridad y su aprobación. También, puede tener necesidad de un guía y un nuevo aprendizaje.

Manos

Nosotros nos expresamos con nuestras manos, y la lectura apropiada del idioma del cuerpo es una valiosa fuente de información. Igualmente, en el sueño las manos pueden revelar información sobre las emociones, intenciones, y las conductas. Por ejemplo, si sueña que ve puños cerrados, puede tener mucho enojo reprimido. A veces las manos extendidas hacen pensar en una necesidad para desarrollar amistades íntimas. Si las manos en sus sueños están acariciando, puede estar sintiéndose sexy.

Mapa

La interpretación depende de si está siguiendo un mapa hacia un destino particular y se siente bien por eso, o si está intentando seguir un mapa erróneo. Un mapa equivocado puede indicar que le falta un sentido claro de dirección en su vida cotidiana o necesita cambiar sus planes a largo plazo. Seguir un buen mapa sugiere que está sintiéndose seguro en su camino actual.

Mar

Las aguas del mar generalmente simbolizan las emociones y el inconsciente. También podrían representar la colectividad inconsciente o sus experiencias del alma.

El fondo del mar sugiere que puede estar en un periodo de levantamiento emocional. Ansiedad, angustia y otros sentimientos inconscientes pueden estar aflorando y afectar a su humor diario. Los mares gigantes de su sueño pueden ser simbólicos de infelicidad emocional actual y de tensión psicológica que quizá le amenazan seriamente. El resultado de este sueño podría revelar cuánta fuerza tiene para sobrellevar la tormenta. Si no se hunde y sobrevive, es seguro que sobrevivirá a los desafíos de la vida.

Máscaras

Enmascararse podría representar nuestra persona y cómo nos mostramos a otros en los papeles que jugamos en la vida como padres, estudiantes, u obreros. Por otro lado, las máscaras pueden ser un símbolo de pretensión. Si está llevando una máscara, mírese en su interior y vea si está siendo sincero en sus presentaciones, o si está escondiendo algo y pretendiendo ser algo que no es. Si otras personas están llevando máscaras, sugiere que pueda estar dudando sobre su autenticidad.

Matar

Si está matando a alguien en sus sueños, probablemente es que expresa sentimientos hostiles. Considere esto como una oportunidad para mirar sus sentimientos negativos y decidir lo que sería mejor y la manera adecuada para dirigirlos. Si es testigo de una matanza, puede estar reflejando cambios que se efectúan alrededor y que no le gustan.

Matrimonio

Es un símbolo de compromiso y, dependiendo de los detalles de su sueño, puede referirse actualmente a un problema. El compromiso podría ser con su trabajo, hacia sí mismo o a un compañero. Principalmente, un matrimonio representa la unión de varias partes de usted (femenino y masculino, o espiritual y racional.) Podría representar un mayor nivel de conocimiento donde los elementos conscientes e inconscientes del soñador están ahora más asequibles y unidos entre sí. El sueño es una afirmación y estímulo para crecer en el conocimiento y transformarse. En un nivel más práctico, si no está casado pero le gustaría estarlo, este sueño también podría ser una forma de ver cumplido su deseo.

Medicina

Tomar medicación siempre es indicativo de un esfuerzo por restaurar la salud. Su mente inconsciente puede estar animándole a que tome medidas para asegurar su salud y felicidad. Considere todos los detalles de su sueño y decida si la medicación tomada era útil o perjudicial. Intente conectar estos pensamientos con las situaciones en la vida diaria.

Menstruación

Es un sueño común en las mujeres y su interpretación es principalmente positiva. Soñar con tener la menstruación puede ser símbolo de aliviar tensiones. Las mujeres se preocupan a menudo por su sistema reproductor, esencialmente por el embarazo, relaciones sexuales o el "reloj interno" de su cuerpo. Unido al ciclo menstrual hay un ciclo emocional mensual que la mayoría de las mujeres son conscientes de ello por experiencia. Durante el tiempo de la menstruación hay un descargo de la ansiedad y un mejor equilibrio emocional. Como símbolo de sueño sugiere que algunos tiempos difíciles pueden haber terminado y que ahora puede relajarse. En ocasiones, este sueño hace pensar en una pérdida de energía y desilusión.

Mesa

Una mesa hace pensar en asimilación, o "estar juntas" distintas partes de la personalidad del soñador. Podría ser que esté trabajando en mejorar su propia naturaleza multi-dimensional e intenta ser una persona más armoniosa. La mesa normalmente representa nutrición, amistad, y unidad. Cuando interprete este sueño considere la función primaria de la mesa en el sueño, así como su forma y aquellos que se han reunido alrededor de ella. La mayoría de las personas pueden hacer muchas asociaciones con este mueble. Podría representar eventos emocionalmente pasados, como una cena familiar, negociaciones laborales, o reuniones placenteras. Las reacciones emocionales en este sueño le llevarán a su interpretación.

Metro

La interpretación del metro, el ferrocarril metropolitano, está basada en su experiencia con este modo de transporte. Si usa el metro regularmente, puede necesitar mirar otras partes del sueño más cuidadosamente. Si el metro no es una parte regular de su rutina diaria pero es la imagen de sueño primaria, puede considerar que es símbolo de la manera en que navega a través de sus propias emociones y las partes ocultas del ego. El metro está bajo la tierra y representa las partes inconscientes del ego. Todos nosotros actuamos recíprocamente en niveles conscientes e inconscientes. Tenemos sentimientos intuitivos y comprensión tácita sobre nuestras vidas, tanto como sobre las cosas obvias y totalmente conscientes. Considere el paseo del metro en su sueño e intente entender lo que le está llegando por esta forma de viajar más sutil a través de las experiencias de su vida cotidiana.

Miedo

Si está experimentando mucho miedo en sus sueños, está teniendo pesadillas. Estos tipos de sueños son positivos porque su mente inconsciente está intentando decirle algo. Si ha reprimido algunos problemas, pueden estar llegando ahora a la superficie. Piense sobre el miedo en sus sueños e intente ser honrado consigo mismo. Enfréntese a sus miedos y como dijo un gran presidente americano "no hay nada que temer, pero se teme". Tener sueños temerosos parece ser relativamente común. La mayoría de los sueños son desagradables y ésa es la naturaleza de nuestro inconsciente. Los problemas y preocupaciones, las emociones reprimidas, contribuyen a que diariamente tengamos sueños intranquilos y de temor.

Miel

Las experiencias dulces y la buena salud están en el subconsciente y probablemente en su vida.

Moscas

Estos insectos son molestos y nos impiden gozar de cualquier momento o situación. Considere los detalles de su sueño e intente deducir si estas moscas representan algo en su vida diaria. Podrían simbolizar las personas y cosas que entran en su vida o podrían querer decir que está experimentando molestias y frustración actualmente. Considere si se libra con éxito de las moscas en su sueño o si le están agobiando.

Monstruo

Soñar con monstruos y demonios es muy común. Pueden representar las fuerzas negativas dentro de usted y en su vida. La mayoría de los monstruos representan sus propias características negativas y tendencias. El monstruo en sus sueños podría ser su miedo, mal genio, negativismo, hábito de fumar o drogarse, o algo más perjudicial que necesita ser cambiado. La manera en que trata al monstruo en su sueño es generalmente simbólica de la manera en que está empleando su negativismo correspondiente en su vida diaria. Si se despierta de este sueño y está muy asustado, recuerde que su mente creó esas imágenes y que su propósito es enseñarle algo.

Muelle

A veces un soñador puede estar de pie en un muelle que parece situado encima del océano (u otro lugar grande de agua.) A veces está esperando una nave o un barco. El agua simboliza el inconsciente y nuestras emociones. También podría ser considerado como "el agua de vida," pues significa la forma más simple (como la necesidad de vivir) o la más profunda (la vida y todas sus complejidades.) Su significado puede dibujarse analizando su situación actual y la dinámica interior. Si estamos esperando la oportunidad de empezar una nueva aventura, podría reflejarse en este sueño. Adicionalmente, puede tener un deseo de conseguir conocerse mejor, para explorar su propio inconsciente, y crecer de una manera emocional, psicológica, o espiritual. Si está de pie en el muelle es porque necesita o quiere ir a un lugar real o necesita viajar hasta el interior de su propio inconsciente.

Muerte

Soñar con la muerte es muy común y puede interpretarse de muchas maneras diferentes. La muerte normalmente es un símbolo de algún tipo de cierre o extremo. Implica el final de una cosa y un principio de otra. Los sueños de muerte normalmente tienen simbolismo positivo. Si usted es la persona muerta en su sueño, podría implicar que le gustaría dejar todo atrás y se esforzaría por empezar nuevamente. Soñar con alguno de quien se preocupa puede expresar su miedo a perderle. Soñar con sus padres muertos puede expresar miedo de perderlos, pero también puede ser una válvula inconsciente a través de la que suelta su enojo y otros sentimientos negativos. En algunas culturas soñar con la muerte es de buen augurio pues representa longevidad y prosperidad.

Mujer

Una mujer, o las mujeres, generalmente representan intuición, alimentos, y amor. También pueden representar los atributos negativos que se dan a las mujeres y que incluyen debilidad física y emocional, chismorreo, sutil agresividad, pasividad, malhumor, tentación, y culpa. El volumen del sueño será considerado, así como el tono emocional. Si el sueño es sexual en su naturaleza, busque sexo. Si la mujer en su sueño es desconocida y usted es un hombre, podría simbolizar su lado femenino o su actitud sobre las mujeres. Si usted es mujer, puede ser simbólico de partes diferentes de su carácter o personalidad. Carl Jung creyó que la mujer desconocida en el sueño de un hombre es el alma. Es "la personificación de la atmósfera psíquica animada; la actividad autónoma del inconsciente".

Así, cuando se encuentre a una mujer desconocida en sus sueños, preste atención a lo que ella está diciendo y haciendo. Jung sugirió que las mujeres en los sueños representan nuestra colectividad inconsciente y los hombres la conciencia colectiva. Así, la mujer es esa fuerza o corriente dentro de usted que le ayuda y lo inspira. Es su intuición y el conocimiento no necesariamente unido a las palabras. Los hombres, por otro lado, representan la parte activa que usa la información recibida para crear la realidad física de nuestras vidas. Cuando los dos están trabajando juntos adecuadamente tenemos el equilibrio y el conocimiento que llevan a la paz y productividad.

Muñecas

Las muñecas en sueños son imágenes inanimadas de personas reales. Sugieren que una persona no es sincera y no expresa sus sentimientos. La mayoría de estos sueños son sobre nuestros problemas personales y preocupaciones. Por consiguiente, piense en sí mismo e intente ver si ha estado comportándose de manera poco real o sincera. Las muñecas son un símbolo que representa la manera en que se relaciona y actúa recíprocamente en sus ambientes internos y externos. Si los sentimientos de separación y falsedad prevalecen en su vida diaria, entonces pueden reflejarse en este sueño.

Música

Oír música en sus sueños tiene connotaciones positivas. La música está sanando al alma, y cuando usted está escuchándola en su sueño, puede conectarse con un espíritu maravilloso, creativo o un flujo de vida que le hace pensar en un grado de armonía interna y de expresión emocional.

Nacimiento

Las mujeres que están embarazadas y los hombres que van a ser padres normalmente tienen sueños sobre dar a luz. No es un buen augurio, pues la mente intenta cubrir con un evento provocador su ansiedad. Si no hay un embarazo, este sueño podría simbolizar nuevos principios, como el nacimiento de nuevas ideas, nuevas maneras de vivir, o una nueva fase en la vida. Otras interpretaciones dicen que el nacimiento en un sueño es una señal de buena suerte, mientras que los nacimientos múltiples son agüeros de riqueza material venidera.

Nadar

Si está nadando en su sueño es que probablemente está nadando a través del "océano" de su inconsciente y a través del "mar" de sus emociones. La facilidad con la que está haciendo esta actividad le dará pistas acerca de lo bien o mal que está navegando a través de esas mismas partes de su mente. ¿Está nadando por el fondo o la superficie?

Naranja

El color naranja corresponde al segundo chakra y puede asociarse con nuestro sistema reproductor. Se dice que el segundo chakra es responsable de nuestra salud reproductora y tiene algo que ver con nuestra expresión sexual. Muchas personas han pedido que este color sea agregado en el diccionario de los sueños, auque es muy difícil hacer cualquier correlación entre su simbolismo y un área particular de vida. Considere su salud sexual y reproductora y entonces haga otras asociaciones para obtener una interpretación personal del color naranja.

Navíos

Como se mencionó en todos los símbolos de agua, los cuerpos de agua representan su inconsciente, sus emociones, y sus experiencias acumuladas en el alma. La nave en su sueño podría representar las maneras en las que navega su pensamiento. Al interpretar este sueño, considere el tipo de viaje y el tipo de nave. Algunos libros dicen que si el viaje es en calma debe ir adelante con sus planes. Sin embargo, si es un viaje muy tormentoso, se debe preparar para una época emocionalmente conflictiva o un desafío.

Nieve

La nieve simboliza frío y emociones que se han reprimido durante un periodo largo de tiempo. La nieve en su sueño sugiere que usted o alguien más está emocionalmente frío, e indiferente. La nieve limpia, blanca, puede representar la inocencia, verdad, paz y relajación. La nieve virgen, como la que descubrimos en un paisaje, puede representar nuevos principios o una nueva manera de ver las cosas, mientras que las nieves sucias pueden representar culpa. En otros libros la nieve representa la muerte.

Niño

Algunas personas tienen sueños sobre niños pequeños de su familia, mientras otros, de vez en cuando, sueñan con niños desconocidos. El niño en su sueño podría representar su ego interno, o el niño que lleva dentro. El sueño podría estar basado en recuerdos de su niñez, y puede llevar un mensaje específico o plantear problemas largo tiempo enterrados. Por otro lado, el sueño simplemente podría ser una memoria agradable. Los niños en los sueños podrían simbolizar necesidad y avidez por aprender, la simplicidad, intuición, nuevos esfuerzos y muchos otros atributos positivos de la niñez. De vez en cuando, el niño en sus sueños puede estar apuntando a sus propias maneras infantiles. Por consiguiente, considere todos los detalles y el tono del sueño antes de hacer una interpretación.

Noche

La noche es común en muchos sueños. Sin embargo, la oscuridad extrema sugiere que está escondiendo algo o no quiere ver las cosas claramente. Puede ser una persona que prefiera ignorar los problemas o al menos minimizarlos. La oscuridad representa una falta de conocimiento e iluminación. Si mira el volumen de su sueño honestamente, podrá identificar algunas áreas de su vida o experiencia personal que necesitan calor.

Novia/o Ex

Es muy común para las personas soñar con los ex-compañeros. Estas personas que han sido una parte importante de nuestras vidas continúan saliendo a nuestra mente y corazón, y es imposible que cerremos dramáticamente nuestra mente y sentimientos a ellos. Simplemente porque esa relación haya tenido un final no significa que los sentimientos estén cerrados. Cuando nosotros tenemos una relación aprendemos algo y en momentos

podemos volver a mirar las "heridas de la batalla". Usted conti-
nuará soñando con su ex-novia o novio hasta que considere que
todo ha finalizado realmente, o hasta que aprenda las lecciones
de esa relación. De cualquier modo, soñar con su ex-romance no
predice un nuevo encuentro en el futuro. Puede ser que solamente desee volver a vivir recuerdos, o repasar problemas pasados.
Estos sueños son muy raramente proféticos.

Nubes

Se forman nubes en el aire y luego llueve, dos de los cuatro
elementos básicos. Algunos dirían que el alma está representada
por el aire y el espíritu a través del agua. Su energía positiva e
idealismo podrían estar representados por nubes blancas, mientras que sus características personales más negativas y los pensamientos privados, por nubes de tormenta oscuras.

Números

Interpretar los números que vemos en sueños puede ser difícil. Su significado es muy personal, como una reflexión de preocupación financiera o cualquier otra área de la vida diaria representada por números. Una manera de interpretar números es
intentar ver cómo ellos se relacionan específicamente. Por ejemplo, si tiene el número 25 en su sueño; su número de casa es 12,
mientras el número de su padre es 13. Juntos hacen 25, y este
sueño podría estar indicándole problemas con respecto a usted y
sus padres. Por otro lado, los números en sueños pueden representar conceptos globales y apuntar a dilemas colectivos.
Algunas interpretaciones adicionales dicen en relación con
números concretos:

3 - Padre, madre e hijo, la trinidad.
5 - La fuerza de la vida; se refiere a los cinco dedos y los
cinco sentidos corporales.
7 - Un número sagrado en la Cristiandad y el Judaísmo; la
fase más alta de la iluminación.
12 - Representa el tiempo.

Obesidad

Como de costumbre, la interpretación de este sueño depende de usted. Puede estar involucrado en la forma en que le miran y teme que esté poniéndose gordo. Sea realista con respecto a esta área de su vida. Si está muy delgado y no puede dejar de preocuparse por su peso, debe ver a un doctor. Hablando psicológicamente, la obesidad normalmente es una señal de que el individuo tiene problemas con su autoestima y poder personal. Los sueños sobre la obesidad nos aíslan emocionalmente de otros y nos aíslan también físicamente.

Océano

El agua del mar representa tradicionalmente nuestro inconsciente, recuerdos, emociones, y el alma individual y las experiencias de la colectividad. Observe los detalles en este sueño. ¿Está el agua clara u oscura? ¿Está en calma o turbulenta? ¿Está pescando, o asustado? Observe, escuche, e intente comprender los mensajes en este sueño. Nadie está en una posición mejor para encontrar el significado a sus sueños que usted. Concéntrese y aprenda.

Ojos

Los ojos son símbolos complejos y pueden ser interpretados considerando las experiencias del soñador y los detalles en el sueño. Algunos dicen que los ojos son las ventanas para el alma y simbolizan discernimiento, perspectiva personal, clarividencia, curiosidad, y conocimiento. También revelan información sobre la identidad personal y sugieren al soñador sobre lo que debe prestar atención. Se dice a alguien que tiene los ojos cerrados para representar el miedo y una renuncia para ver claramente. Otras interpretaciones dicen que si los ojos en su sueño son bonitos representan paz. Los ojos extraviados pueden ser una advertencia inconsciente sobre el carácter de alguien, su integridad.

Ordeñar

La interpretación de este sueño puede parecerse a dos puntos de vista muy distintos. Primero, la leche puede ser una representación segura del semen y puede ocurrir que desee tener inconsciente, o conscientemente, relaciones sexuales. Segundo, la leche es un símbolo de nutrición y sugiere que necesita apoyo y consideración en su ambiente.

Olas

Las olas en los sueños pueden representar fluctuaciones emocionales. Si está experimentando actualmente un periodo de tranquilidad y paz, puede soñar con aguas en calma y olas del océano mansas. Este sueño sugiere que puede estar recogiendo energía y recargarse emocionalmente. Sin embargo, normalmente las personas sueñan con mares violentos y peligrosos que hacen pensar en un periodo de levantamiento emocional. Ansiedad y materiales inconscientes pueden estar llegando a la superficie y afectar su humor diario. Los mares embravecidos pueden simbolizar la infelicidad emocional actual y la tensión psicológica que están amenazando destruirlo. El resultado de este sueño puede revelar cuánta fuerza tiene en sus tormentas personales. Por ejemplo, sobrevivir en alta mar sugiere que tiene bastante fuerza para superar desafíos y ahogarse puede ser que debe buscar ayuda.

Olor

Hay momentos en que se pueden experimentar olores en sus sueños. Este olor podría ser medioambiental y que ocurra en su dormitorio, por lo que se incorpora en su sueño. Por otra parte, el olor en sus sueños es activado también por la memoria y estar asociado con una experiencia agradable o desagradable. Por ejemplo, si está soñando con su madre, puede oler el aroma de una comida que ella cocinó una vez. El olor puede activar emociones y reflejar la calidad general de su vida.

Oreja

Su mente inconsciente puede estar haciéndole pensar en la necesidad de estar más atento para que sea consciente de los estímulos internos y externos. Para aprender debemos escuchar las voces y desarrollar habilidad para entender todas las fuentes de información que nos permitan responder más apropiadamente al mundo.

Orinar

Soltar las basuras corporales en un sueño hace pensar en una necesidad de soltar emociones reprimidas y/o ansiedad. La micción también puede tener connotaciones sexuales. Muchas personas sueñan tan intensamente con la necesidad de orinar que se despiertan y comprenden que necesitan usar el baño. En ciertos sueños se activa esa sensación física y entra a formar parte del argumento del sueño.

Oro

El oro podría ser una reflexión sobre las preocupaciones que tiene sobre sus cosas más valiosas o una referencia al "oro del alquimista" que es normalmente de naturaleza espiritual. Si está perdiendo oro en su sueño, puede expresar sus ansiedades por una oportunidad perdida. Sin embargo, recuerde que "no es oro todo lo que reluce". Su mente inconsciente puede estar recordándole que no juzgue las cosas exclusivamente por las apariencias.

Oruga

Este gusano puede representar una fase de su propio crecimiento personal y desarrollo. La mariposa es un símbolo de transformación y representa un nivel de logro individual. La oruga, por otro lado, puede indicar que está de camino pero no ha alcanzado aún su meta. Puede estar en las fases más tempranas de lograr una meta real en su vida, una meta de relación, o incluso una meta espiritual. La oruga puede representar un área específica de su vida o puede ser símbolo de algo mayor.

Osos

Carl Jung dijo que todos los animales salvajes representan los afectos latentes, los sentimientos y emociones de las que nosotros no nos tratamos en su momento. También simbolizan los peligros, las cosas perjudiciales y negativas, que han sido "tragadas" por el inconsciente. La interpretación del oso en su sueño puede depender de su percepción hacia ese animal en los eventos del sueño. El oso puede representar calidades en su carácter o en los aspectos específicos de su personalidad. Los osos están normalmente asociados con peligro, violencia y agresión. Solamente pueden encontrarse en estado salvaje, no son domesticables, y por eso pueden representar emociones negativas fuertes que vienen del inconsciente.

Padres

Soñar con los padres puede obedecer a varias causas. Puede estar soñando con su padre y expresar sus sentimientos hacia él de una manera segura. Tradicionalmente, soñar con el padre puede verse como símbolo de autoridad y poder. En el sueño puede estar expresando su actitud hacia las fuerzas y debilidades si ellos se relacionan con su posición en la vida y su actitud general hacia la sociedad. La imagen del padre también podría representar "la conciencia colectiva", el espíritu tradicional, y el Yang.

En este sueño puede estar expresando sentimientos y preocupaciones sobre sus padres que no suele expresar en la vida diaria. Algunos creen que este sueño normalmente no tiene nada que ver con sus padres, sino con los lados masculinos y femeninos de la personalidad o Ego. El padre puede representar los lados expresivos, creativos, y proteccionistas de Dios, mientras que la madre es el lado receptivo y que nutre.

Pájaros

Carl Jung dijo que los pájaros volando representan los pensamientos cambiantes. Los pájaros están generalmente asociados con la libertad y el abandono. En la antigua interpretación de los sueños, los pájaros son considerados de buen agüero, salvo los mirlos que son generalmente negativos. Las palomas y águilas son símbolos generalmente espirituales. Su sueño depende de sus detalles, pero si los pájaros en su sueño estuvieran volando libres, puede ser símbolo de espiritualidad, libertad psicológica, o física.

Pan

El pan es una parte fundamental en la mayoría de las dietas. Se gana el pan con el sudor de la frente, existe el pan del pobre, y en la cárcel el prisionero recibe pan y agua para mantenerse vivo. En la Cristiandad, Cristo hablaba del "pan de vida", y en la mayoría de las culturas, referencias físicas y metafísicas, el pan es el sustento básico de la vida. Como símbolo de sueño tiene un rico significado y mensaje. El pan en sus sueños podría representar esas cosas positivas y maravillosas que ha aprendido en la vida. Podría ser símbolo de lo "bueno" y de la mayoría de las cosas básicas en su vida que rendirán beneficios positivos en el futuro. El pan en su sueño podría ser espiritualmente simbólico y representar una comunión profunda o conexión con otros y con Dios. Considere los detalles de su sueño antes de interpretar, pero sepa que el pan tiene simbolismo universal positivo y que este sueño debe traer con él un nivel de sentimientos positivos.

Pánico

El sentimiento de pánico hace pensar en falta de mando y confusión. Si la emoción primaria en su sueño es de pánico, considere los detalles e intente entender su causa. ¿Sintió usted miedo, un sentido de impotencia desconcertada, o era incapaz de tomar una decisión rápida y exacta? Contestando a estas preguntas conseguirá entender el mensaje en este sueño.

Pantalones

Generalmente la ropa representa los papeles que jugamos en la vida y cómo otros nos perciben. Si llevamos pantalones o cambiamos los pantalones, una mayor parte en su sueño puede estar cuestionando su papel en el trabajo, la casa, o en cualquier otra área de la vida. Si estaba intentando cubrir sus genitales, entonces el sueño puede estar planteando problemas sexuales.

Paraguas

El paraguas en sus sueños normalmente simboliza el dispositivo que la mente consciente acostumbra a utilizar para protegerse del inconsciente. Los paraguas podrían simbolizar nuestra renuencia para tratar con emociones negativas, psicológicas, o traumas. Si el paraguas se abre, puede estar protegiéndole de los materiales inconscientes. Si el paraguas está cerrado, entonces puede estar deseoso para tratar con una psique poco familiar. También puede ser un símbolo de seguridad y si el paraguas está roto o se volvió al revés, su último logro llegará algo tarde.

Parálisis

Soñar que usted o alguien más están paralíticos, podría ser muy inquietante. Dependiendo de los detalles de su sueño y su situación actual en la vida, hay varias interpretaciones diferentes, pero igualmente razonables. El miedo que lo paraliza en el sueño puede ser simbólico del miedo que está experimentando en la vida diaria. Usted puede sentirse algo incapaz para cambiar una situación actual que se manifiesta en su sueño en forma de parálisis. Además, este sueño puede estar avisándolo que debe esperar y no hacer nada ahora con respecto a una situación real que está en su mente y puede ser problemática para usted. En el sueño puede estar "helado de miedo" y su interpretación depende de que sepa descifrar lo que es ese miedo y lo que representa.

Paredes

Las paredes tapian las imágenes en el sueño y generalmente son consideradas como obstáculos y fuentes de aislamiento o encierro. Algunas personas emocionalmente tímidas, se sienten incapaces para expresarse libremente. Si es uno de ellos, este símbolo podría estar apuntando a las paredes que ha construido alrededor. Adicionalmente, si está experimentando desafíos y las dificultades aparentemente son impenetrables, la pared puede ser una reflexión de esos factores. Considere su situación actual e intente identificar la fuente de las paredes en su sueño. Subir las paredes sugiere que se prepare para lograr superar las dificultades y los desafíos.

Parque

Este sueño puede estar apuntando a una de sus percepciones sobre la vida. Puede ver algunas partes de su vida como vivas, interesantes, aventureras y entretenidas. Por otro lado, dependiendo de los detalles del sueño puede verse como estar realizando un paseo, donde nada es muy serio y la vida es un "paseo de recreo en barco" perpetuo. Si ha estado teniendo una cantidad significativa de tensión en su vida diaria o ha tenido que trabajar con exceso, este sueño puede ser una forma de compensación. El mensaje del sueño le puede animar a que encuentre tiempo para la diversión y relajación así como para recordarle que esta vida está llena de altos y bajos, y que un cambio de actitud puede ser algo refrescante.

Pastel

Puede simbolizar las partes dulces y agradables de la vida. El sueño puede interpretarse según su interacción con el pastel en el sueño.

Patio

En la vida diaria la apariencia de un patio trasero normalmente es una reflexión hacia las personas que viven en la casa. Un aseado y bien cuidado patio, con césped y flores, normalmente indica que las personas que viven tienen conciencia y cuidan sus cosas, y bastante energía para mantener su propiedad. El patio en su sueño puede ser una reflexión de lo bien que ha podido mantener su ambiente interior y externo. El patio trasero apunta a cosas que son menos obvias y que pueden ser inconscientes. También puede representar recuerdos de la niñez sobre emociones positivas y negativas y que llevan al auto-conocimiento.

Pato

Un pato es un pájaro muy interesante y el mensaje que lleva

es generalmente positivo. Se adaptan bien los patos a navegar y sobrevivir en tierra y en el agua, pues pueden nadar y caminar. Los patos son flexibles y poseen numerosas habilidades y por eso soñar con ellos sugiere que usted, o alguien más en su vida, es muy flexible y que está tratando competentemente los problemas emocionales. Otras interpretaciones dicen que estos sueños son de buen agüero y que ahora no tiene dificultades.

Pavo real

Todos hemos oído la expresión "eres tan vanidoso como un pavo real" y por ello cuando se sueña con este pájaro, puede estar llevando un mensaje de belleza y orgullo. Sabemos que un poco de orgullo puede ser una buena cosa, pero demasiado no es tan bueno. Considere todos los detalles de su sueño e intente entender el mensaje. ¿Está el pavo real en su sueño hermoso y orgulloso, pero modesto, o está haciendo ondear ruidosamente su belleza a todos los que están deseosos de mirarle?

Pechos

Soñar con amamantar puede tener un significado sexual. Sin embargo, considere todos los detalles en su sueño para obtener el significado más apropiado. Los pechos también representan ternura, amor, y otras materias del corazón. Amamantar es simbólico de dar o recibir, nutrir, y sustento. Representa amor maternal así como apoyo físico y emocional, y sentirse bien. También habla de las grandes cosas que están por venir y que sigue un periodo largo de trabajo duro.

Pelear

Normalmente luchar simboliza el enojo y la confusión que ocurre en tiempos de cambio. Si nada está cambiando en su vida, puede ser una pista de que necesita un cambio o que quiere cambiar internamente. Normalmente luchar con extraños representa un forcejeo interior y luchar con personas familiares puede ser una extensión de la vida diaria y una reflexión en su relación con ellos.

Peligro

Si está en una situación peligrosa en su sueño, puede considerar esto una señal de su inconsciente. Tómelo como una indirecta y preste más atención a sus finanzas, materias comerciales, salud, y otros asuntos importantes. Si se enfrentara al peligro en su sueño, puede ser una señal positiva y una indicación de que es capaz de superar los obstáculos actuales.

Pelo

El pelo es muy valorado por la mayoría de las culturas y por ello las personas suelen someterse a multitud de tratamientos para recuperar su pelo perdido. Es símbolo de vanidad, seguridad, sensualidad, apelación sexual, y de juventud, aunque en algunas culturas no se permite a muchas mujeres mostrar su pelo fuera de sus casas.

Representa también la fuerza física y espiritual, y por eso cuando se quiere humillar a un preso se le corta el pelo al cero. "Soltarse la melena" es indicio de querer vivir pasiones amorosas y en el sueño el pelo representa nuestros pensamientos, el conocimiento, y la razón. El pelo blanco o gris representa la edad y sabiduría mientras que el pelo del cuerpo puede simbolizar protección y calor. Cuando interprete su sueño intente identificar un problema esencial y conectarlo a una situación en su vida diaria.

Pene

El órgano sexual masculino es simbólico de fertilidad, impulso, y energía. ¿Tiene usted problemas de orientación sexual, impulsos, o agresión? Contestar a estas preguntas le permitirá que interprete su sueño.

Pingüino

El pingüino es un interesante pájaro limitado a vivir en la tierra y alrededor del océano. Como un símbolo de sueño puede representar pensamientos concretos, sentimientos cargados de emociones no deseadas, letargo, y necesidad para lograr equilibrio. Piense sobre su sueño y vea si cualquiera de estas ideas es pertinente a usted. La superstición dice que el pingüino indica que sus problemas no son tan serios como usted puede pensar.

Perros

El perro en los sueños podría simbolizar una gran variedad de ideas y conceptos. Considere cuidadosamente todos los detalles y el humor en su sueño. Primero, si tiene un perro, puede ser natural soñar con él. Nosotros nos atamos emocionalmente a nuestros perros y soñamos con ellos así como soñamos con todo lo que es importante. Por otra parte, los perros podrían simbolizar lealtad y trabajo duro. Si alguien le llama "¡perro!", es una reflexión negativa sobre su personalidad. Si están tratándole como un perro, probablemente están abusando de alguna manera. A nivel metafísico, los perros están considerados como guardianes, y para el soñador pueden estar trayendo mensajes del inconsciente. Finalmente, los perros podrían representar lo más básico o "animal" de nosotros y algunos piensan que representan específicamente la energía masculina.

Personas

Normalmente nuestros sueños están llenos de personas. Soñamos con nuestras familias, amigos, vecinos, y compañeros de clase o trabajo. Soñamos con los extraños, universidades, personas famosas, maestros, y, en momentos, con nuestros enemigos. Cada sueño es muy especial y lleva su propio y único mensaje. Al interpretar este sueño con personas, considere todos los detalles y los sentimientos en el sueño. Si conoce a la persona, piense sobre su relación con ella o los problemas que le aporta el sueño. Aprendemos sobre nosotros a través de otros, y probablemente nuestras más valiosas posesiones son nuestras relaciones. Algunos creen que los extraños en los sueños representan las diferentes partes de uno mismo y que son extensiones y proyecciones de su propia personalidad. Muchas personas creen que sus sueños pueden predecir el futuro y cuando tienen sueños negativos o aterradores, tienen ansiedad por el futuro.

Alternativamente, cuando los sueños son una forma de deseos cumplidos, el soñador se entusiasma y está esperanzado en que lo soñado se hará realidad. La mayoría de los sueños no son proféticos pues muestran solamente aspectos psicológicos o espirituales. Su función primaria puede ser ayudarnos a vivir mejor en el presente, en lugar del futuro.

Cualquier persona puede formar parte de nuestros sueños y pueden incluir a miembros familiares o extraños. Puede soñar con su padre, hijo, marido, o amigo y debe interpretar el sueño según sus detalles. Un hombre, particularmente la figura del padre, puede representar la conciencia colectiva y el espíritu humano tradicional. Él es el Yang y su energía, lo que crea las realidades terrenales. Dependiendo de los detalles del sueño, la figura masculina podría interpretarse como el Creador o el Destructor. Las mujeres sueñan con hombres que son extraños para ellas y estos hombres pueden representar la energía psíquica inconsciente de las mujeres. Carl Jung llamó al extraño en el sueño de una mujer el "animus." Él representa energía autónoma, inconsciente y juega un papel vital para obtener un entendimiento más profundo del ego. También, un hombre extraño y ominoso en los sueños de los hombres podría representar su "sombra" o su negativismo hacia los lados más oscuros de la personalidad.

Pesadilla

Si tiene pesadillas, intente entender los miedos y los eventos en esos sueños. Ellos sugieren que pudiera estar esperando algo traumático o que tiene sentimientos de culpa basados en su comportamiento. Puede tener muchos sentimientos negativos poderosos que requieren conciliación. Si las pesadillas continúan por un periodo largo de tiempo, el individuo debe considerar obtener ayuda de un profesional de la Psicología. Las pesadillas son un resultado directo de los sentimientos aplastantes de miedo e impotencia.

Pescar

Algunas mujeres creen que cuando se sueña con un pez, es que averiguará pronto que está embarazada o que lo está alguien muy cercano, pues el agua representa el útero. Otros creen que si ve peces en sus sueños, es una predicción de enfermedad y mala salud. En la Cristiandad, Cristo ha sido representado por el símbolo del pez (espiritualidad.) Estos animales pueden representar mensajes de nuestro inconsciente e indicar lo bien que navegamos a través de nuestras aguas emocionales. Podrían simbolizar el cuerpo y la nutrición del alma y la navegación a través de profundidades desconocidas.

Piano

El piano simboliza música, armonía, y expresión. Teclear sonidos en sus sueños puede ser símbolo de elevado conocimiento espiritual. Otros libros dicen que el piano es un buen agüero para un futuro periodo financiero en la vida, y mover un piano representa logros sólidos por parte del soñador.

Piedras

La connotación de este símbolo como con todos los otros símbolos de sueño, depende de los detalles y el humor del sueño. La piedra o piedras en su sueño podrían representar una variedad de ideas diferentes, pero normalmente tienen algo que ver con materias de este mundo físico. Las piedras generalmente no representan problemas emocionales, psicológicos, o espirituales, sino amor a la tierra, firmeza, y estabilidad. Por otro lado, podrían representar obstáculos físicos, o dificultades que el soñador puede necesitar superar.

Pies

Para algunas personas, soñar con los pies pueden ser un sueño muy sexy, pero además de las connotaciones sexuales, los sueños pueden representar su habilidad para avanzar en la vida. Soñar con pies indica hasta qué punto está bien equilibrado y conectado con la tierra.

Piscina

Para muchas personas las piscinas están asociadas con diversión en verano, vacaciones, descanso, y relajación. Interprete su sueño basado en su contexto y vea si cualquiera de estos sentimientos positivos está presentes en usted. Todos los cuerpos de agua representan nuestras emociones e inconsciente.

Planetas

Soñar con los planetas podría representar desear explorar nuestro mundo interior o el mundo de nuestros egos (el mundo externo o físico.) Los planetas también podrían representar cosas más profundas como la manera en que nos relacionamos y pueden decir algo sobre la relación que existe entre nuestra alma y el ego. Un planeta en órbita podría representar su ego y si está viajando alrededor del sol (el alma) y la órbita se puede referir a usted en su conjunto. Carl Jung dijo que todas las imágenes de sueño nos devuelven a los problemas personales y la mayoría podemos evolucionar y entender nuestro ego analizándolos.

Plátanos

Freud sugirió que esos alimentos tienen implicaciones fálicas, sin embargo, todos los tipos de comida plantean problemas de nutrición. En el mundo de los sueños, comer plátanos hace pensar en un periodo de trabajo duro pero un premio pequeño. La fruta estropeada normalmente sugiere "estropear" nuestras situaciones o amistades.

Policía

Soñar con la policía podría simbolizar muchas cosas diferentes, por lo que debe considerar todos los detalles cuidadosamente. Si la policía está persiguiéndole sugiere que puede estar sintiendo culpa sobre algo que ha hecho o ha estado pensando hacer. La policía podría estar representando una Ley Kármica así como las leyes de nuestro mundo físico. Si está sintiendo que no puede afrontar todas sus obligaciones y repercusiones debido a su miedo, la policía puede ser una mala pesadilla. En una nota más positiva y dependiendo de los detalles de su sueño, la policía podría simbolizar apoyo y protección. Su respuesta emocional al sueño le proporcionará las pistas necesarias para interpretar este sueño con precisión. También, soñar con la policía es una indicación de que obtendrá ayuda inesperada en un problema actual.

Polilla

Una polilla no es muy atractiva, ni deseable, y tampoco es conocida por sus atributos positivos. Hay una historia sobre una polilla atraída hacia la llama que consiguió llegar y se quemó. La polilla en su sueño puede estar señalando una debilidad personal o que se siente decepcionado por su vida. Podría estar sugiriéndole que está yendo a un lugar donde será herido a menos que reconozca el peligro. Puesto que los sueños son raramente literales, el peligro podría ser emocional o psicológico, no necesariamente físico.

Pollos

Esta ave incapaz de volar puede estar indicando características personales y necesidades suyas. Considere las actividades en el sueño, así como el humor, y entonces intente hacer una buena interpretación. Los pollos pueden representar cobardía, chismorreo, hablar con exceso, e ineficacia. No son conocidos por su inteligencia o belleza, y su presencia en el sueño podría ser una invitación para ponerse más serio. La sugerencia más positiva en este sueño es que las gallinas ponen huevos y eso es símbolo de algo nuevo y frágil. Representan vida y desarrollo en sus formas más tempranas y como tales, sus posibilidades son ilimitadas.

Puente

Hay muchos significados que podría dar a este símbolo. Los detalles en el sueño son tan importantes como el propio puente. La primera consideración debe hacerse sobre un viaje. El puente puede interpretarse literalmente como una transición de una fase a otra, de un nivel de conciencia a otro. Dado que la mayoría de los puentes está encima de agua, este sueño también podría indicar dificultades emocionales o paseos inconscientes.

Puerco espín

Algunos dicen que el puerco espín en sus sueños es un agüero de buenas y malas noticias. Le pueden pasar cosas buenas, pero tendrá también dificultades con ellas. Desde un punto de vista más pragmático, los puercos espines son animales listos pero intocables. Como símbolo de sueño puede representar una situación o una persona en su vida que le está perjudicando.

Puertas

Las puertas son pasadizos y en nuestros sueños son un simbolismo de ello. Pasar por una puerta puede representar ir de un estado de conciencia a otro, o de un plano interno a otro. Cerrar con llave o tener las puertas cerradas puede representar un obstáculo u oportunidades que no están actualmente disponibles. Muchas puertas pueden representar sus opciones actuales.

Pulpo

Aunque es raro soñar con un pulpo hay personas que lo hacen y generalmente se trata de un sueño feliz, e implica que puede estar involucrado en muchas actividades diferentes o aventuras. Si hay una reacción emocional negativa hacia el sueño, sugiere que hay amistades dañinas y enredos en su vida diaria.

Púrpura

El color púrpura es el color de la realeza, la dignidad. Es un color fuerte que no puede ignorarse. Igualmente, la mayoría de las personas tiene una opinión fuerte sobre el púrpura: les gusta intensamente, o vehementemente lo detestan. Para otras personas, el púrpura tiene connotaciones espirituales y eso se debe a que la Iglesia católica lo usa en los entierros y en tiempo de Pascua. Representa lo espiritual y la transformación personal. El púrpura también podría representar la conciencia más alta y la protección espiritual. Una versión del púrpura es el color de la corona Chakra. Cuando interprete este color considere todos los detalles en el sueño e intente hacer conexiones entre ideas anteriores y su vida actual.

Rana

Las ranas son un buen augurio y representan felicidad y grandes amistades. Desde un punto de vista más moderno, las ranas pueden ser consideradas símbolos del inconsciente porque viven en el agua. También representan transformación de tipo positivo.

Rapaces

La mayoría de los sueños con rapaces nocturnas, criaturas misteriosas, dan un sentimiento de intranquilidad a las personas, a menos que sea un amante o cuidador de estos animales. Las aves rapaces pueden ser consideradas misteriosas e imprevisibles. Cuando esté interpretando este sueño, mire cuidadosamente los detalles y sus reacciones emocionales, pues pueden tener relación con conductas discretas u ocultas. Su mente inconsciente puede estar relacionando sus sentimientos con respecto a conductas que usted o alguien más prefiere guardar en secreto.

Ratas

Son desagradables y simbolizan peligro, pobreza, suciedad, y enfermedad. Su mente inconsciente puede estar planteando imágenes desagradables debido a una perturbación en la vida diaria. El propósito del sueño es hacer consciente esos sentimientos negativos para animarle a que usted trate directamente con el negativismo en su vida. Soñar con ratas pone a la persona aprehensiva y hastiada. Intente conectar estos sentimientos con esas cosas que producen este tipo de ansiedad durante el día.

Regalo

Dar y recibir regalos normalmente es una ocasión agradable y ambas fiestas benefician a las personas. Soñar con dar regalos puede ser una reflexión para los intercambios positivos que están ocurriendo en su vida diaria. Algunos dicen que dar y recibir son la misma cosa. Tenga presente esto y también recuerde que los más valiosos regalos pueden ser emocionales y espirituales en su naturaleza y que su sueño puede estar intentando hacerlo consciente.

Rehén

Soñar con ser un rehén sugiere que puede estar experimentando sentimientos de represalia o arresto legal. Esto puede ser indicativo de una situación concreta en su vida diaria, como una relación opresiva y poco satisfactoria o dificultades financieras. El sueño sugiere que puede experimentar sentimientos de ineficacia y no puede ver la manera de salir de esa situación difícil. Un rehén se toma contra su voluntad, y ahora puede estar sintiéndose como si hubiera sido entrampado por otro o por las circunstancias. También, la situación como rehén en su sueño puede representar una parte de su personalidad que no está expresándose. Podría ser su creatividad, intelecto, o libertad interna. El propósito de este sueño puede ser hacerlo más consciente de las condiciones que limitan su vida. Adicionalmente, el sueño puede activar su imaginación para que resuelva sus problemas con habilidad que le permitirá ver nuevas posibilidades.

Relaciones

Es común soñar con nuestras relaciones. Puede interpretar este sueño recordando los detalles y comparándolos con las realidades de su vida diaria. En su estado de sueño puede estar experimentando algún deseo o puede confrontar cosas que normalmente ignoraría. Algunos dicen que las relaciones con extraños en el sueño representan los lados diferentes de su personalidad.

Relámpago

El relámpago representa energía y fantasía. Generalmente es un símbolo de sueño positivo que representa al soñador "despertado" hacia el estado de conciencia. En ciertos momentos, un cambio súbito en el conocimiento, o noticias imprevisibles, puede asustarnos y dejarnos sintiéndonos ansiosos. Sin embargo, el esclarecimiento de cualquier tipo siempre tiene implicaciones positivas. Al interpretar este sueño, debe intentar conectarlo con algo importante y favorable que haya ocurrido en su vida de repente.

Reloj

Carl Jung llamó a todas las imágenes redondas una "mandala." Es uno de los símbolos de sueño más importantes que representan el centro psíquico de la personalidad. Es simbólico de totalidad, integridad, y unidad del ego. El reloj es una mandala que puede representar inmortalidad. En el lado más sutil, cuando está soñando con un reloj el tiempo es un problema obvio y puede estar experimentando ansiedad actualmente con respecto a una situación temporal. Por ejemplo, las personas se preocupan por su "reloj biológico" que corre sin pararse, o por no ser "víctima del tiempo." En general, sin embargo, este sueño puede estar recordándole que necesita acelerar sus acciones y el tiempo es un factor importante. Las interpretaciones de sueño viejas dicen que si usted oye que un reloj golpea, (o su alarma), le ocurrirán cosas positivas, y si está arreglando un reloj, es que se va a enamorar. Al interpretar este sueño, intente recordar el tiempo y entonces trate de entender cómo esos números, las horas, son significativos para usted.

Retraso

Si está llegando tarde, su inconsciente puede estar diciéndole que sea más perceptivo y tenga previsión al hacer planes. El retraso sugiere que el soñador pueda estar sintiéndose desprevenido y distraído en una situación particular en la vida diaria o con respecto a metas largas.

Resurrección

La palabra resurrección tiene connotaciones positivas e implicaciones en milagros. Jesús resucitó al tercer día, y también resucitó a Lázaro. El tema de la resurrección se explora en todas las culturas y religiones, siendo algo imponente y maravilloso. Soñar con la resurrección puede indicar el despertar de su naturaleza espiritual. Si entrara en un conocimiento o "esclarecimiento" que no tenía antes, el sueño podría estar refiriéndose a la resurrección del espíritu. Este sueño también podría representar la visión de una nueva energía. Algunos piensan que soñar con la resurrección es simbólico de reencarnación.

Riña

Si está riñendo o está defendiendo algo en su sueño puede estar experimentando algún conflicto interno. La riña puede reflejar su propia incapacidad para resolver los problemas importantes, ideas, o valores. Probablemente, puede estar experimentando alguna dificultad en tomar decisiones, no puede aceptar la autoridad, o puede haber llevado un argumento de su vida diaria al sueño. Otros libros de interpretación dicen que reñir es un sueño contrario y que ahora tendrá paz y armonía con su amado.

Robar

Las personas roban por dos razones: cuando son pobres y sienten que no tienen ninguna otra alternativa, o si están ávidos de algo y no quieren esperar el tiempo y el esfuerzo necesario en ganar lo que necesitan. (Las necesidades podrían ser tanto emocionales como materiales.) Robar alude a preguntas morales en la psique del sueño. Considere todos los detalles de su sueño e intente entender por qué el hurto está teniendo lugar. ¿Están cogiendo otras personas sus bienes sin su permiso, o es usted quien coge beneficios que no ha ganado? El mensaje del inconsciente puede ser un proceso de auto-evaluación, indigencia, y moralidad. La comprensión de este sueño puede llegar mejor si entiende cuáles son las necesidades más profundas que le llevarán finalmente a la felicidad.

Rosa

El color rosa normalmente simboliza salud y buenos sentimientos. Es color tradicionalmente femenino, y algunos sienten que connota amor.

Rueda

La rueda podría ser simbólica del "círculo de vida" y puede representar los altibajos de la vida que nos llevan a la experiencia. El círculo es uno de los símbolos de sueño más importantes, pues apunta al centro de la personalidad y nuestro ser que a su vez plantean problemas de integridad y totalidad en nuestras vidas. Puesto que la rueda es asociada con la diversión y excitación, este sueño puede ser un estímulo para que el soñador vea las cosas de modo diferente y posiblemente desarrolle una actitud más positiva.

Sacerdote

El sacerdote en su sueño podría representar necesidades espirituales, su conciencia, un deseo de ser un guía poderoso, o su ego más alto. Este sueño suele ser confortante pues le da seguridad en que hay fuerzas espirituales, aunque esta interpretación es muy personal. Algunas personas pueden haber tenido experiencias negativas con el clero, y en ese caso el sueño tendrá un tono completamente diferente. Las fuerzas espirituales representadas en este sueño podrían ser intrínsecas y revelar sus propias calidades espirituales, o representar las fuerzas espirituales a su alrededor.

Sacrificar

Antes de que podamos alimentar a otros, necesitamos nutrirnos primero. Hacer sacrificios es humano, pero cuando hacemos demasiados por el mundo y no bastante para nosotros, nos sentiremos abandonados y débiles. El martirio no es divertido y los mártires en otros tiempos molestaban. Este sueño le puede estar sugiriendo que necesita priorizar sus deseos. Elimine las cosas en su vida que no son imprescindibles y continuamente le llevan a trabajar y preocuparse. También, considere el hecho que cualquier cosa que haga por los demás y le suponga un sacrificio personal, no debe estar antes de sus propias necesidades, bien sean de salud o felicidad. Otros afirman que este es un mensaje y que se enriquecerá en un futuro cercano.

Sal

La sal es uno de los elementos químicos más abundantes en la Tierra. Soñar con eso sugiere que pueda estar pensando en cosas excitantes, pues recuerde que la sal es un elemento de vida. Si asocia a un individuo con la sal en sus sueños es que puede estar dándole atributos importantes a esa persona.

Sangre

Es la vida misma, la parte vital de nuestra fisiología que puede simbolizar nuestras fuerzas y debilidades y nuestra salud física y mental. Si está experimentando una época muy difícil actualmente en su vida, puede tener sueños con imágenes sangrientas y aterradoras. No se preocupe, pues puede estar dando salida a sus miedos. Algunos creen que cuando vemos sangre en un sueño, la situación penosa que teníamos en ese momento se ha acabado, y lo peor ha terminado.

Sanguijuelas

Las sanguijuelas son parásitos que agotan nuestra energía y recursos. Son literalmente comedores de sangre y usted debe determinar lo que representan en su vida. Piense sobre todas las cosas que hay alrededor o dentro de usted, pues normalmente se diseñan los sueños para hacernos más conscientes de nosotros mismos. Así, las sanguijuelas pueden representar sus propios hábitos, pensamientos, y las emociones negativas. Antiguamente se usaron sanguijuelas para diversos propósitos médicos, tan dispares como infecciones, hipertensión y desórdenes mentales. Pensaban que con esta sangría el cuerpo se podría liberar de todos sus males y este error llevó a miles de personas a la tumba. Quizá las sanguijuelas en su sueño se muestren para chupar su negativismo diario o una situación particular.

Santos

Normalmente soñar con los santos tiene implicaciones espirituales. Puede haber viajado a otra llanura y haber tenido una experiencia espiritual maravillosa, muy significativa. Para aquellos que no pueden aceptar esta posibilidad, su inconsciente puede estar relevando sentimientos de presión o posiblemente la necesidad de sacrificarse en algún nivel de su vida diaria.

Satanás

Ver o actuar con el diablo en sus sueños puede tener varios significados diferentes y la interpretación depende de los detalles del sueño. Sin embargo, casi siempre es algo negativo y perturbador en su personalidad, vida diaria, o ambiente. Carl Jung llamaba a tales figuras oscuras como "la sombra" y dijo que representan la personalidad negativa y calidades que son dolorosas y lamentables. Puede tener pensamientos oscuros o se ha comprometido en acciones negativas y ahora puede estar experimentando culpa, temor, y ansiedad. Otras interpretaciones dicen que ver a Satanás en sus sueños puede ser una advertencia sobre salud pobre, y si el sueño persiste, debe hacerse un chequeo.

Secuestro

El tema del rapto en un sueño aporta miedo. El soñador puede tener miedo de perder una parte muy importante de él o de algo relacionado con su ambiente familiar. También, puede tener miedo de dejar su casa, niñez o grupo de apoyo familiar. Estos temas en los sueños pueden prevalecer en tiempos de transición psicológica o física y en momentos en que vemos el futuro incierto. Considere los detalles de su sueño e intente aislar o identificar el miedo que creó el sueño. Para otros soñar con un secuestro es un buen agüero y recibirá noticias inesperadas y tendrá éxito contra sus oponentes.

Serpiente

En algunas culturas las serpientes están muy consideradas y simbolizan la habilidad para llegar a los niveles más altos de conciencia o en áreas de conocimiento que existen fuera del tiempo y el espacio. En tiempos antes de Cristo, las serpientes fueron consideradas símbolos de fertilidad, curación, y abundancia de comida, existiendo todavía una serpiente curativa que representa un dios. Fue el ser que anunció a Adán y Eva su nueva identidad, y por ello son consideradas a menudo como símbolos de tentación y mal, cólera y envidia.

Las serpientes que surgen fuera de la tierra pueden representar su inconsciente o represiones que vienen a su mente consciente. Freud pensó que la serpiente era un símbolo fálico pues numerosas personas las veían en sus sueños. La mayoría de los sueños con serpientes son perturbadores y dejan al soñador ansioso y asustado. No hay ninguna interpretación simple a los sueños de serpiente. Cada soñador debe considerar su propia situación y todos los detalles del sueño. A veces, las serpientes pueden ser símbolos fálicos y otros que representan negativismo en nuestras vidas que estorban nuestro progreso y constantemente nos amenazan. A la larga, la serpiente puede ser un símbolo positivo y puede representar las dificultades que nos llevan al centro de la personalidad y producen sentimientos de integridad.

Sexo

Es muy difícil nombrar unas posibles interpretaciones para este sueño. Es complejo y complicado, y las interpretaciones varían con cada soñador y con las situaciones en el sueño. Un sueño sexual puede basarse en el placer físico pero también puede ser sobre el poder, control, manipulación, virilidad, y efectividad. Puede ser una forma de deseos cumplidos o un recuerdo. En la mayoría de los casos no es una predicción de cosas para entrar en un futuro cercano. Freud creyó que experimentar placer sexual en los sueños siempre era un deseo no cumplido.

Si está mirando que otras personas hacer el amor puede ser una reflexión sobre sus preocupaciones emocionales y mentales sobre su actuación sexual o interacción. El significado depende de sus reacciones emocionales sobre lo que le pasa en el sueño y el humor general del sueño.

Sótano

La casa generalmente representa su ego psicológico y emocional, y cada parte puede tratarse de modo diferente. El sótano se construye primero y por eso está bajo tierra, o por lo menos alguna parte, y es esencialmente el pilar de la casa. Soñar con un sótano y si entendemos el sueño, puede proporcionar valiosa información que le llevará a un auto-conocimiento mayor. Un sueño sobre sótanos que se repita, como estar en un sótano, limpiarlo, amueblarlo, etc.) no debe ignorarse. Estos sueños pueden ser simbólicos de su inconsciente, instintos e intuición, y le ayudarán a tener mejor conocimiento de una situación actual o un problema. Mirar el sótano puede proporcionarle pistas sobre sus sentimientos actuales y estado de felicidad. Si el sótano está desordenado, sugiere que puede estar experimentando confusión y que está tratando emocional y psicológicamente de equilibrarse. En otros momentos, las actividades que están ocurriendo en el sótano de su sueño pueden estar basadas en experiencias del pasado o recuerdos de la niñez. Como con todos los sueños, su propósito principal parece ser traer al soñador a la conciencia más alta para que pueda tratar más eficazmente sus problemas actuales, en lugar de mirar al pasado.

Selva

La selva podría representar su confusión y pensamientos aplastantes con respecto a la vida diaria. Si sueña que está en una selva impenetrable, su inconsciente puede estar revelándole la ansiedad que tiene sobre una situación particular, una dificultad, o el futuro. Si usted se encuentra explorando la selva libremente, es una imagen de sueño positiva que podría estar animándole a ir en busca de una nueva aventura y descubrir áreas inexploradas de su propia psique.

Semillas

Las semillas simbolizan nuevas oportunidades y nuevos principios. Así como una semilla es el principio de una nueva vida (o su fase más temprana), su inconsciente puede estar diciéndole que las ideas que ha plantado están empezando a germinar. Adicionalmente, sus experiencias pasadas y el trabajo duro pueden estar trayéndole ahora nuevas oportunidades o posibilidades.

Sexo

Es muy difícil nombrar simplemente unas posibles interpretaciones para este sueño. Es tan complejo que las interpretaciones varían con cada soñador y situación en el sueño. Un sueño sexual puede ocurrir por placer físico, pero también puede ser sobre el poder, control, manipulación, virilidad, y efectividad. Puede ser una forma de cumplimiento del deseo o un recuerdo, o la compensación por una carencia en la vida diaria. En la mayoría de los casos, no es una predicción de cosas para un futuro cercano.

Sol

El sol sostiene toda la vida en la Tierra. Cuando lo ve en sus sueños, sugiere que está bien situado en su ambiente y opciones de vida. También podría representar una fuerza espiritual o la luz de Dios. La salida del sol puede indicar los nuevos principios y una nueva ola de energía, mientras que los ocasos hacen pensar en un periodo de cierre y realización. La luz del sol en sus sueños nunca es un símbolo negativo pues siempre simboliza o indica conciencia. Su presencia, incluso en los sueños perturbadores, tiene calidad tranquilizante. Otros libros de interpretación dicen que el sol que brilla es un agüero de buena fortuna y buen pensamiento.

Sombreros

Los sombreros son normalmente simbólicos de poder y autoridad. También estereotipan a la persona que está llevándolos. Mire en los detalles de su sueño quién está llevando el sombrero. El tipo y calidad del sombrero normalmente representan el grado de autoridad y respeto que su mente inconsciente está dando a la persona que lo lleva. Generalmente la persona que lleva el sombrero está representando una parte de usted.

Sonidos

Los sonidos en sus sueños pueden parecerse a un punto de vista espiritual. Los buenos sonidos son símbolos normalmente positivos y algunos pueden decir que en su estado de sueño han viajado a otros planos más altos y espirituales. Las interpretaciones tradicionales nos dicen que si oye una melodía familiar, puede tropezar con viejos amigos. Hablando psicológicamente, puede haber oído una canción durante el día y en su sueño simplemente la repite. Sin embargo, estos sueños siempre tienen otros significados, y la canción con la que está soñando puede tener mensajes en ella que le ayudarán a resolver un problema o a que se sienta mejor.

Subir

Ir hacia arriba, ascendiendo, siempre es un símbolo de sueño positivo. Si está esforzándose en trepar por una soga, una escalera de mano, o caminando por una cuesta, este sueño sugiere que está entrando en la dirección correcta. Si la subida en su sueño es sumamente difícil, puede estar apuntando a algunos obstáculos que necesita superar antes de alcanzar sus metas. Considere todos los detalles en su sueño, y si ha completado una tarea difícil recientemente y logró una meta, este sueño puede ser ayudarle a reflexionar.

Submarino

Todos los vehículos parecen simbolizar la manera en que nosotros maniobramos, o terminamos, un segmento de la jornada de nuestra vida. Un submarino es una máquina poderosa que viaja a través de aguas profundas, algo que representa nuestras emociones e inconsciente. Un submarino podría representar la manera en la que estamos navegando a través de nuestras aguas emocionales y tratamos con los materiales que están surgiendo de forma extraña desde nuestro inconsciente. Un submarino puede tener connotaciones negativas o positivas. Podría sugerir que está sintiéndose fuerte y se prepara para tratar agresivamente con cualquier cosa y ayudarle a superar las preocupaciones emocionales que aparecen en su vida. Por otro lado, el submarino como símbolo de sueño podría estar sugiriendo que es demasiado desconfiado y no se abre actualmente a los demás para airear sus problemas personales.

Suciedad

Soñar con suciedad, en algo sucio, podría representar su estado mental o una situación de su vida diaria. Podría simbolizar una relación, una aventura comercial, o cualquier otra parte de su vida donde usted, o alguien más ha sido poco honrado y honorable. La suciedad en sus sueños también podría representar sus actitudes insalubres y un estado desviado de la mente. Este sueño depende de sus detalles y puede estar animándole a que limpie su casa por dentro y fuera.

Suicidio

Si ha soñado que está comprometido en un suicidio puede ser simbólico de que está "matando" un aspecto de su ego, posiblemente perjudicial. Por ejemplo, si es fumador y dejó de fumar en su sueño puede necesitar la "muerte" de usted como fumador. Si ve un suicidio de una persona extraña podría representar otra parte de su personalidad. Puede librarse de una parte innecesaria e inútil de usted, y estar empezando una nueva y mejor manera de hacer las cosas. Si ve a alguien que se está intentando suicidar, el sueño puede ser simbólico de sus percepciones y preocupaciones sobre ese individuo. De cualquier modo, el soñador puede estar experimentando tensión, ansiedad, y puede dudar, así que debe intentar tener pensamientos más positivos durante el día.

A primera vista este sueño parece ser negativo. Uno pensaría que connota odio, depresión profunda, rendirse al enemigo y otros pensamientos negativos y sentimientos. En algunos momentos ésta puede ser la interpretación y si esto es así es porque ha confiado en un amigo o persona amada y busca ayuda profesional. También podría sugerir que el soñador esté haciendo progresos y volviéndose aún más íntegro como persona.

Todos nosotros tenemos muchos aspectos en nuestra personalidad y nuestro carácter.

Tatuajes

El tatuaje puede representar esas cosas en nuestras vidas que sólo parecen superficiales pero que pueden ser interesantes y divertidas. Podrían representar nuestro pensamiento, nuestras maneras juguetonas, y nuestros hábitos aparentemente insignificantes. Como progreso, podemos comprender que nuestras novedades de paso se han convertido en permanentes. Así, un tatuaje puede ser simbólico de algo que nos hemos infligido, permanentemente y con profundidad, y generalmente lleva algún negativismo.

Teatro

El teatro puede ser una metáfora para nuestras vidas físicas. Parafraseando a Shakespeare, la vida es una fase y nosotros estamos intentando hacer lo mejor en ella. Quizá en sus sueños esté representando algunos de sus problemas personales y preocupaciones. Piense sobre los detalles de su sueño y qué está pasando en el teatro. ¿Es una comedia o una tragedia? ¿Está divirtiéndose, o se encuentra muy incómodo o aburrido? Todo esto le dará pistas con respecto al significado de sus sueños basados en el teatro.

Tejado

Un tejado puede representar una barrera entre los estados de conciencia o puede ser simbólico de su ideología y filosofía. Si está soñando con un tejado resquebrajado, la nueva información puede estar intentando entrar en su consciente. En una nota más pragmática, el tejado en sus sueños podría estar indicándole problemas de protección y consuelo materialista.

Teléfono

En nuestros sueños el teléfono podría ser un símbolo con el cual estamos expresando un deseo de comunicarnos con otros.

Nuestro inconsciente e intuición pueden estar intentando enviarnos mensajes que no hemos querido escuchar. Si usted no quiere contestar el teléfono, pregúntese por qué.

Terremoto

Al contrario de algunos de los otros sueños sobre desastres naturales, los terremotos normalmente simbolizan partes de la realidad física del soñador en lugar de su vida emocional. El terremoto en el sueño puede estar representando dificultades financieras, de salud, o cualquier otro problema que podría ocurrir en la vida diaria. Una experiencia que se agita dentro de usted, y que cambiará su vida diaria, podría estar arrastrándose en el sueño y presentarse como un terremoto.

Tiburones

Recuerde que el agua en sus sueños puede ser una declaración sobre sus emociones y el inconsciente. Los tiburones son animales que moran en el agua y podrían representar emociones desagradables o asuntos materiales difíciles y dolorosos que vienen del inconsciente. Puede sentirse disgustado, y el tiburón podría ser el símbolo del peligro emocional percibido. Otros libros de interpretación dicen que los tiburones pueden representar a los malos amigos o reflejar problemas financieros.

Tierra

Soñar con la tierra normalmente simboliza fertilidad y potencial para crecer. La tierra rica puede ser una indicación que el tiempo es correcto para el trabajo y los nuevos principios. Soñar con la tierra seca, infértil, puede ser una reflexión de su humor negativo e incluir sentimientos de depresión o de fastidio y vacío.

Tigre

Este gato grande y muy bonito puede simbolizar feminidad, impulsos, cólera, venganza, rencor, gran fuerza, y habilidad. No pueden ignorarse los tigres, pues normalmente consiguen lo que persiguen. Considere todas estas características e intente ver cómo influyen en el sueño.

Tornado

El tornado es una tormenta violenta de la naturaleza, y puede representar tormentas emocionales violentas en sus sueños. Si tiene frecuentemente sueños con tornados considere los cambios emocionales en su vida y también la cantidad de enojo y rabia que puede estar experimentando actualmente. Los tornados también podrían representar rupturas y perturbación del ambiente, creando problemas específicos o actuales que pueden estar agobiándole.

Toro

Depende de los detalles del sueño, pues este símbolo podría tener varios significados diferentes. El toro en su sueño podría representar la energía sexual poderosa, obstinación, fuerza, y, en momentos, torpeza. También podría simbolizar optimismo sobre el futuro y habilidad para enfocar en una meta específica, así como tenacidad y un carácter muy fuerte. Finalmente, dado que el toro es asociado con el color rojo, algunos creen que simboliza los primeros chakras que son el centro de la energía, localizados en la base de la espina dorsal que representa el mundo material.

Tormenta

Todo en nuestra vida es una reflexión para nosotros y esto se percibe especialmente en los sueños. La tormenta en sus sueños puede ser una reflexión de alguna dificultad en su vida. Considere todos los detalles y avisos que se mostraron en el sueño de la tormenta, especialmente si era barrido por ella. ¿Cuándo pasó la tormenta se encontraba seguro, o sufrió? Todos hemos tenido dificultades para ganar experiencias en la vida y nuestros sueños hacen un esfuerzo para traernos esas vivencias al consciente. Piense sobre las tormentas en su vida y lo que puede hacer para disminuirlas.

Tortuga

Estos animales poseen un simbolismo interesante. La mayoría de las personas aman a las tortugas en la niñez y algunos continúan en la madurez. Las ideas que llevan son de constancia y cautela. Se mueven y caminan muy despacio, y en su sueño puede estar expresando alguna repugnancia para seguir adelante. Las tortugas tienen fuertes cáscaras de protección que también pueden ser simbólicas de sus mecanismos de defensa o protección en la vida real que le rodea.

Tren

Este símbolo de sueño puede ser muy complicado y su significado es específico para el soñador. Si normalmente toma el tren, o el metro, para trabajar y es una parte de su experiencia diaria, debe prestar más atención a los otros detalles del sueño. Realizar un paseo en tren puede ser simbólico de una jornada en su vida. Si usted es el conductor, puede estar tranquilizándose en el sueño pues en general posee el mando de una situación específica. El tren también podría ser simbólico de su necesidad para seguir y hacer cosas cumpliendo órdenes. Freud dijo que el tren normalmente es un símbolo fálico y que un tren que pasa por un túnel representa comunicación, aunque también dijo que hay otras posibilidades para este símbolo. Por ejemplo si se pierde en el tren, puede ser que se encuentre temeroso de perder oportunidades importantes. Jung pensó que el paseo en tren representa la manera en que una persona se mueve y simplemente se comporta como todos los demás, aunque puede estar esforzándose para mejorar.

Tumbas

Las tumbas generalmente deprimen y representan la muerte. Nos recuerdan a los seres queridos que se fueron y nuestro propio e inexorable destino. En un nivel físico este sueño no parece tener un agüero muy feliz. Sin embargo, el sueño también podría tener un significado más espiritual y representar cosas que requieren pensamientos profundos y no están en la superficie.

Las tumbas también podrían simbolizar el inconsciente. Si alguien cerca de usted ha muerto recientemente, puede ser normal que tenga sueños sobre cementerios y muerte. Sin embargo, si este sueño está surgiendo ahora y no ha habido ninguna muerte en la familia, considere sus sentimientos en la vida diaria. Si está sintiéndose deprimido o desvalido de alguna forma, mire en su interior e intente aumentar su auto-conocimiento e identidad espiritual.

Túnel

Al interpretar este sueño, considere todo los detalles y la calidad de su experiencia. ¿Vio usted una luz al final del túnel, o se perdió en un túnel incapaz para determinar su situación? El túnel podría representar una variedad de cosas. Si no fue una experiencia desagradable puede simbolizar un periodo de transición y un pasaje hacia nuevos niveles de comprensión, o maneras de vivir. Freud pensó que cualquiera túnel representaba la vagina.

Uniforme

Si es usted quien lleva un uniforme en el sueño sugiere que está identificado con un grupo mayor, un movimiento, o una organización que le exigen conformar y llevar a cabo su ideología. Esto puede ser positivo o negativo dependiendo de las asociaciones y el tipo de uniforme que está llevando. Los problemas expresados en este sueño podrían estar sobre su personalidad, conformidad, o responsabilidad. El inconsciente está apuntando a la posibilidad que su individualidad está modificada y esto le ha pasado inadvertido porque está funcionando como miembro de un grupo y no como individuo.

Uñas

Dependiendo del volumen del sueño, cortarse las uñas podría representar sentimientos de enojo y hostilidad o también reflejar un trabajo duro y esfuerzos personales. Adicionalmente, las uñas pueden tener algunas connotaciones sexuales. Un hombre puede estar expresando que encuentra reprimida su ansiedad sobre su potencia sexual, mientras que una mujer puede estar expresando el aborrecimiento inconsciente hacia el sexo.

Vaca

En nuestros sueños, este animal doméstico puede representar una variedad de problemas muy importantes y de difícil esclarecimiento. En algunas culturas la vaca es un símbolo sagrado y representa calidades divinas de fertilidad, nutrición y maternidad. Considere los detalles en su sueño e intente identificar al individuo a quien el simbolismo aplica. Otras características adicionales para considerar cuando interprete un sueño con vacas, son el símbolo primario de pasividad, docilidad y contento general con la vida. La vaca es principalmente un símbolo de sueño positivo, y por ello otras interpretaciones dicen que estar junto a vacas es símbolo de prosperidad, contento y felicidad.

Vampiros

Los vampiros, para la mayoría de las personas, representan criaturas poderosas y malas. Soñar con vampiros sugiere que el soñador pueda estar sintiéndose agobiado en algunas áreas de su vida y está esforzándose para salir con pensamientos negativos, sentimientos, y acciones. Puede estar involucrado actualmente en problemas éticos o morales y estar experimentando ansiedad como resultado. El vampiro representa atributos personales o hábitos negativos que agotan la energía y los recursos, ocasionando agotamiento emocional. Si está siendo atacando por un vampiro en el sueño, puede percibirse como una víctima impotente. Interpretar el mensaje de este sueño puede ayudarle a que identifique la fuente de sus sentimientos negativos e impotencia.

Velas

Simbolizan luz y donde hay luz hay esperanza. Una vela encendida sugiere que está buscando consuelo y alguna clase de esclarecimiento espiritual inconscientemente. Una vela apagada sugiere que pueda estar siendo rechazado, que se siente desilusionado, o no puede ver nada positivo en su vida pues carece de una "luz" que le aclare su desconcierto. Si en su sueño mira la llama de la vela o la cera ya quemada, puede ser que tenga miedo a envejecer. Para los hombres puede connotar un miedo sobre la disminución de sus habilidades sexuales.

Ventana

Una ventana es un buen símbolo de sueño. Su interpretación exacta puede llevar al conocimiento y un mejor entendimiento de su perspectiva personal en la vida. Si está mirando a través de la ventana, preste atención íntima a lo que está viendo. ¿Es un paisaje bonito o una escena que trata de alguna experiencia o una situación de su pasado? Mirar a través de una ventana y ver un paisaje bonito puede representar su deseo para encontrar mayor satisfacción y más paz en su vida. Si está viendo algo familiar, puede poder percibir la situación de una nueva manera y conseguir mejor visión. Algunos dicen que una ventana puede representar un horario y que una ventana cerrada sugiere la incapacidad para comunicarse eficazmente y que si quien sueña es un viudo o soltero/a, puede representar el deseo para una nueva aventura en su vida. Las ventanas en nuestras casas nos permiten ver el mundo que existe delante y las ventanas en nuestros sueños pueden animarnos a que veamos mejor el mundo que existe en nuestro interior, así como el mundo de fuera.

Verduras

Soñar con una variedad grande de comidas parece ser típico, pues la comida representa nutrición y placer. Interpretar el simbolismo de las verduras en su sueño depende de cómo las percibe en su vida diaria: si le gusta especialmente su sabor y valor nutritivo, o las encuentra desagradables o insípidas. Puede estar proyectando una necesidad para alimentar su cuerpo o alma, o reflejar la insatisfacción o falta de alicientes en su vida. La forma y tipo de verdura y el volumen global de la necesidad del sueño, deben ser tenidos en cuenta al hacer la interpretación.

Viajar

Tanto estacionarse como viajar, son símbolos interesantes y muchas personas han pedido agregarlos al diccionario. Viajar es un tema muy común en nuestros sueños. Viajar en un automóvil es la forma más común de este tipo de sueño y generalmente viajar en un vehículo puede representar nuestra jornada a través de la vida, o una porción de ella.

Muchas personas sueñan con viajar en aviones, automóviles, trenes, o motocicletas. Viajar parece ser uno de los temas de sueño más comunes y es representativo de nuestra jornada a través de la vida. Estos sueños podrían representar su movimiento actual hacia metas o pasajes a través de la vida. Las condiciones de viaje difíciles, como un camino oscuro, una tormenta, o un accidente en automóvil u otro vehículo, pueden ser símbolos de las dificultades que experimentamos en nuestra jornada diaria a través de la vida. Otros sueños nos muestran viajando a un lugar divertido y teniendo tiempo para relajarnos y cumplir nuestros deseos. Este tipo de sueño puede ser un escape de nuestra vida diaria hacia una forma más trascendental en un mundo más bonito. Si constantemente está teniendo sueños sobre viajar, eche una mirada más íntima a las situaciones actuales en su vida. ¿Van bien las cosas, o son más difíciles de lo que le gustaría que fueran? ¿Son sus sueños una forma de escapismo y función o están tranquilizándole sobre una vida nueva, una aventura, o un cambio en el futuro?

Vestir

Generalmente la ropa representa nuestra apariencia mundana o estado, aunque en ciertos momentos puede representar nuestras actitudes hacia nosotros y otros. Principalmente, representa la manera en que nosotros aparecemos al mundo. La ropa no es simbólica de nuestro ego privado, sino de nuestro ego público. Un hombre pobre lleva ropa diferente que un hombre rico. El atavío de un doctor es diferente al de un carpintero y por ello el tipo de ropa que llevamos varía de situación en situación. Según la clase de ropa que está llevando en el sueño encontrará pistas para el significado y para sus ideas inconscientes sobre usted y otros.

Vidrio

Hay cosas muy importantes unidas al vidrio o cristal. Entre ellas están las ventanas que permiten entrar el sol en nuestras casas y el cristal de nuestras gafas, etc. El vidrio hace que nuestras vidas sean más cómodas pero raramente lo tenemos en cuenta. Considere los detalles de su sueño e intente deducir cómo el vidrio interviene en su vida. Si vidrio está roto en su sueño, podría simbolizar que está rompiendo las cosas positivas. Por ejemplo, podría representar la ruptura de ilusiones, rechazo, y decepción. En el lado más negativo, podría representar también la ruptura con una persona con la cual haya estado manteniendo una relación sentimental. Otros libros de interpretación dicen que mirar a través de un vidrio claro es una señal de buena suerte y a través de un vidrio sucio simboliza dificultades domésticas.

Viejos

Carl Jung dijo que el hombre viejo sabio es "el arquetipo del espíritu" y "hablar con él la fuente de vida del alma". Soñar con un anciano puede intentar traer al soñador a un conocimiento mayor de la vida. Las personas viejas en los sueños representan sabiduría y madurez y pueden aparecer en nuestros sueños en momentos de confusión y falta de dirección, o cuando necesitamos consultar y ayuda para tomar decisiones.

Viento

En su sueño podría ser simbólico de su propio espíritu o fuerza de vida. El viento puede representar cambios en su vida y a mayor fuerza del viento, más trascendental es el cambio. Un viento muy borrascoso podría representar tensión y tumulto pero también la energía que usted necesita para hacer cambios. El sonido del viento y el movimiento de los objetos alrededor probablemente es la señal de alarma en el sueño, en lugar de la sensación de sentir el viento en su piel (la mayoría de las personas no tiene experiencias táctiles en sus sueños.) El sonido del viento es considerado por algunos como especial porque es un sonido de la naturaleza y tiene importancia espiritual.

Violación

Soñar con ser violado es una pesadilla que inflige miedo y ansiedad en la llamada. Puesto que la violación es un acto brutal y profundamente personal, sugiere que el soñador pueda estar sintiéndose robado y puede negar su condición como ser humano. En un sueño, como en la vida real, la violación tiene muy poco que ver con el sexo. Simboliza el poder, control, cólera, y otras emociones muy destructivas. Para entender este sueño, puede necesitar pensar sobre las áreas de su vida que le causan gran ansiedad y miedo. Si es supersticioso, tome este sueño como una advertencia. Tome precauciones, protéjase emocionalmente y físicamente y no se comprometa en conductas descuidadas. Si hubiera sido víctima de una violación, la naturaleza traumática de esta experiencia puede causarle de vez en cuando tener un sueño así.

Violencia

La investigación de la violencia en los sueños demuestra que es siempre desagradable. Los sueños violentos son relativamente comunes y pueden ser una reflexión sobre la confusión y el conflicto que el soñador experimenta en la vida diaria. Los sueños con temas violentos sugieren que el soñador tiene emociones negativas inconscientes como miedo, ansiedad, y enojo. Si no está tratándose de esos problemas conscientemente, sus sueños están compensando y trayendo a su consciente la necesidad para una reflexión honrada y el equilibrio emocional en la vida diaria.

Volar

Los sueños de vuelo son comunes y la mayoría de las personas pueden recordar haber volado en un sueño o varios. Hay muchas ideas acerca de lo que esto significa. Algunas personas creen que volar en nuestros sueños puede ser una forma real de experiencia extracorpórea, pues nosotros vamos a lugares en este plano físico, así como internamente. La sensación de vuelo en el sueño es real, pues se percibe el roce del viento y la sensación de ingravidez. Edgar Cayce pensó que el viaje Astral o "viaje del alma" podrían ser precursores para ponerse lúcido en un sueño. La idea de Carl Jung era que ese sueño indicaba que estamos expresando nuestro deseo de romper las restricciones y limitaciones, de sentirnos libres. Todos tenemos un deseo natural por la libertad personal y sobre todo por huir de las dificultades. Alfred Adler pensó que este sueño indicaba la superioridad y el deseo por dominar y ser mejor que otros. Enfocando la experiencia en la libido, Freud pensó que el vuelo era otra manera de expresar los deseos sexuales.

Los detalles de su sueño le darán pistas acerca de lo que simboliza, sea una experiencia espiritual o basada en el ego. Disfrútelo, pues es un sueño apasionante y divertido.

Volcán

Las erupciones volcánicas en sueños normalmente representan nuestras emociones haciendo erupción. Los sentimientos que pueden estar albergados durante el día podrían tomar la forma de una erupción volcánica en un estado de sueño. La psique inconsciente trataría de soltar lo positivo o los sentimientos negativos, así como sus sentimientos sexuales fuertes, pasión, cólera, rabia, y miedo. Otras interpretaciones antiguas dicen que la lava del volcán es una advertencia sobre salud pobre.

Vómito

El vómito en un sueño puede representar esas cosas en la vida que la causan tensión emocional, repulsa, y sensación de enfermedad. Este sueño sugiere que está rechazando un pensamiento, idea, sentimiento, o circunstancia y ese ayuno, casi violento, le invita a limpiarse. Examine su realidad diaria e intente identificar las materias que causarían semejante reacción física. Otras interpretaciones de sueño dicen que vomitar en un sueño simboliza las inversiones económicas, por lo que si está corto de dinero puede tener un golpe de suerte y su situación financiera puede mejorar.

Zapatos

Debe considerar primero si está teniendo problemas actualmente con sus pies, hasta tal punto que le hacen soñar con ellos. Por otra parte, las personas no siempre llevan zapatos que le encajan bien. Así, puede estar expresando sentimientos inconscientes sobre su falta de convicción o confianza. También puede tener problemas que involucran su auto-conocimiento, pero si los detalles de este sueño no son de sufrimiento, puede estar tranquilo pues está en el camino correcto y ha conseguido un alto grado de estima.

Zambullirse

Bucear en un sueño sugiere que está intentando llegar al fondo de una situación actual. El agua simboliza el inconsciente y por eso otra interpretación para este sueño puede ser que está cavando en su inconsciente. Finalmente, Freud pensó que bucear puede tener connotaciones sexuales y representar también una necesidad de comunicación.

Zombi

Soñar con un muerto viviente puede llevar un mensaje poderoso. Si está "dando vueltas como un zombi," normalmente es porque está emocionalmente desconectado de las cosas que suceden a su alrededor. Puede estar experimentando un distanciamiento y ser incapaz de sentir emociones positivas o negativas apropiadamente. Actualmente, puede estar fuera de las personas y del flujo principal de la vida. Este sueño podría desunirlo positivamente y ayudarle a que se diera cuenta de los problemas emocionales y las circunstancias que tendrá que afrontar.

RELATOS SOBRE SUEÑOS

Los Diablos regresan

"Uno de los temas más consistentes y persistentes en mis sueños tiene que ver con confrontar monstruos y diablos. La mayoría de las veces el diablo en mis percepciones se muestra como Lucifer, el ángel original.

En uno de mis sueños yo estaba con mi madre en una casa. No se parecía a la mía, pero en el sueño era mi lugar de morada personal. La casa era pequeña y típica en una ciudad del interior. Mi madre y yo sabíamos que el maligno vivía allí y que ese diablo ocupaba mi casa y tenía encarcelados a nuestros familiares. Mis hijos también estaban allí y otras personas igualmente queridas.

Mi madre me dijo que teníamos que entrar en casa y conseguir sacar a todos fuera pues se encontraban atrapados y en peligro. Yo no quería ir dentro porque tenía miedo. Ella no se preocupaba de mi miedo y siguió caminando pasando la verja, subiendo los escalones y llegando a la puerta delantera. Tuvo que dar una patada a la puerta que se abrió fácilmente para mi asombro. Comprendí rápidamente que la puerta era fácil de romper porque había fuego dentro de la casa. Era algo como el infierno que retrataban los libros místicos. El fuego era muy grande y todo se consumía, pero no había humo. Recuerdo que pensé cómo era posible que la casa todavía estuviera completamente intacta y por qué la gente no podía salir al exterior.

Supe que el diablo estaba durmiendo arriba y que necesitaba localizar y rescatar rápidamente a las personas queridas. Atravesé el fuego y los encontré a todos recogidos y de pie estrechamente juntos en la izquierda trasera de la casa, en la cocina. Mis hijos estaban allí con un tío mío que falleció hace varios años. Había también personas extrañas en ese grupo, pero en el sueño supe que estaban cerca de mí.

Llevé a ese grupo fuera, por la puerta lateral que estaba en la cocina. Ellos me siguieron a lo largo de un pasillo estrecho alrededor de la casa. Cuando estábamos saliendo supimos que teníamos que conseguir llegar al frente para poder salir por la verja. Había un autobús que espera cerca, por lo que deduzco que mi madre y yo llegamos a la casa en ese autobús y debíamos retornar en él si queríamos rescatar a todos. Mi madre no había entrado finalmente en la casa conmigo y estaba esperándonos en la calle. Todos caminamos y llegamos hasta una verja de metal que tenía una cadena alrededor. Cuando yo estaba intentando abrir la cadena para abrir la verja, presentí que el demonio se había despertado.

Les dije a todos que se dieran prisa, pues debíamos conseguir salir a la calle por la parte delantera de la casa. Todos comenzaron a salir del patio detrás de mí, pero el diablo estaba de pie delante del autobús y nos dijo que no nos permitiría escapar. Mi madre me dijo que la única cosa que podíamos hacer era destruirlo y yo pensé que no tenía ninguna otra opción que luchar con él y matarlo. Sabía que no podía herir a los niños pues ahora estaban seguros.

El diablo tenía armas muy interesantes alrededor de él y una la llevaba en su mano. Parecía algo muy extraño, como si saliera de una película de terror. Era un instrumento fálico y empezó a atacarme mientras yo hacía todo lo posible por pararle. También agarré una de las extrañas armas, pero él consiguió golpearla y quitármela de mi mano. Mi madre me tiró otra arma e intenté continuar luchando. Estaba cansado y pensé que todo se acababa para mí. Todo lo que necesitaba ahora era simplemente soplarme para anularme, pero para mi sorpresa mi hija saltó hacia el diablo y empezó a luchar. Le atacó con sus manos y parecía estar hiriéndole, aunque el diablo la derribó y tuve miedo de que la pudiese matar.

En este momento yo estaba como un espectador y no me podía mover para ayudar a mi hija. Mi hijo se metió en la pelea y le dio puntapiés al diablo y lo derribó, aunque se dañó con una de sus extrañas armas. Poco a poco mis hijos derrotaron al diablo y en ese momento me desperté sobresaltado. El sueño había terminado".

El sueño de la iglesia

"Está lloviendo, una lluvia refrescante. Hay goteras grandes en la casa. El agua está bajando por una pared y no hay manera de detenerla o recogerla. El agua está cayendo por la pared que conecta el porche delantero con el resto de la casa. El vecino de al lado tiene el mismo problema. Nosotros contratamos a alguien que llega y sube al pequeño tejado del porche, aunque le lleva mucho tiempo arreglarlo. Estamos muy contentos porque el problema va a ser arreglado finalmente.

Luego, el sueño cambia y regreso a mi iglesia vieja en Lukoran, Croatia. Todos entramos por la puerta lateral al lado derecho de la iglesia. En ese lado hay dos pequeños jugando y varios bancos para que las personas puedan sentarse. Hay portavoces en la iglesia, pero no son católicos y creo son de una religión completamente diferente, pero parecen darnos la bienvenida y nos invitan a hablar. Empiezan a decir a la congregación cosas sobre su religión maravillosa y sobre el espíritu santo. Recuerdo ver a las personas de muchas culturas diferentes sentándose y escuchando. Visten con sus trajes nativos y estaban muy atentos a la conferencia. Los colores de sus trajes eran muy interesantes para mí. Pensé que todos eran de nacionalidades diferentes que habían sido acogidos ahora en mi iglesia de Lukoran, pues durante mi niñez la población era de unas 300 personas y no había ningún extranjero. Sé que iba a tener que levantarme y hablar en el futuro. Estaba muy asustado por tener que hablar delante de estas personas y en mi iglesia, considerándolo casi como un sacrilegio tener que convencerles de mis ideas religiosas y creencias. Me desperté antes de que tuviera que hablar".

UN SUEÑO CON DRAGONES

"Mi madre tenía que hacerse una operación de cirugía para reemplazar la cadera. Adicionalmente, yo estaba enseñando un programa de verano que acabó en esos días. Dadas estas circunstancias, junto con mis responsabilidades habituales, me sentía incapaz de consagrar una cantidad adecuada de tiempo a mi madre.

Durante ese período he tenido cinco sueños significativos, entre ellos el que les contaré ahora, aunque solamente he podido recordar algunos fragmentos del sueño y he estado sintiéndome algo frustrado con la escasez de materiales inconscientes que vienen a la superficie. Una cosa que he notado es que en mis sueños a menudo veo monstruos y mis experiencias en ellos son peligrosas, o negativas, llegando a materializar mis temores en forma de monstruos. Esto puede ser debido al folklore en el cual crecí. Mi madre y abuelo siempre me contaron historias de monstruos. A mí me gustaban esas historias y siempre supe que el héroe iba a matar al dragón, o al monstruo malo, pero en mis sueños el fin es a menudo diferente. En ocasiones el dragón es torpe, pero en otros no lo es. Por ejemplo:

En mi sueño estaba acompañado por personas que son cercanas a mí. No era mi familia, sino individuos que son muy importantes en mi vida. Había mucha infelicidad y estábamos viajando a lo largo de un río de aguas calientes, turbulentas y peligrosas. De repente apareció un monstruo gigante. Era de un color rojo profundo y parecía un cruce entre una langosta y un escorpión.

El dragón no estaba sumergido, sino flotando en la superficie, como si fuera un barco. Yo estaba asustado y no vi nada alrededor de esa cosa, pero pensé que lo más prudente era apartarnos de él, pues su aspecto era muy hostil y seguramente nos destruiría. Mis temores se confirmaron, pues enseguida se acercó a nosotros con su inmensa mole amenazante.

Uno de mis amigos decidió atacarle con una pequeña arma que parecía una lanza. Me reí de su osadía y le dije que sería inútil y el monstruo simplemente se molestaría más. Sin embargo, durante unos minutos el soplo que salía de su boca cesó y parecía como si el monstruo fuera a morirse. Desgraciadamente, esto no ocurrió. La lanza clavada en su abdomen se soltó y de ese agujero salieron otros pequeños dragones. Eran ciertamente minúsculos comparados con su madre, pero tan terroríficos como ella. Le dije a mi amigo que aunque eran pequeños seguían siendo monstruosos y no podríamos destruirlos con facilidad. Le pedí que nos marchásemos del lugar, pues realmente tenía miedo y me sentía muy impotente y perturbado. Las emociones eran tan fuertes que me desperté abruptamente de esta pesadilla".

Volando en un agujero negro

"Yo estaba en una casa grande con muchos niños. Había también muchachas alrededor y me encontraba arreglando sus camas. Los cuartos estaban limpios, pero llenos. En la próxima escena me encontré fuera al costado de la casa. Paseé unos 10 metros delante de la casa, y me detuve de repente pues casi me caí por un precipicio. Me arrodillé de miedo y comprendí que estaba en la cima de una pequeña montaña y que un valle profundo estaba abajo.

Los colores de la montaña y el valle eran castaños y crema. La escena era algo yerma, como si fuera el final del otoño o del invierno. Cuando estaba arrodillándome en la tierra, superada por el miedo, una voz me dijo que no tuviera miedo y volara. Esa voz pertenecía a una persona desconocida que me pidió que volara con él. Ambos volamos encima del valle y era muy bonito. El hombre me dijo que echara una mirada alrededor y viera dónde estaba. Había montañas muy grandes y altas a mí alrededor, pero había también muchos ruidos. El valle tenía un pueblo y una iglesia, y la vista era inmensa y bonita.

Mi amigo me pidió que volara sola durante un rato. Lo hice y me gustó, y me sentía como si tuviera el mando de mi movimiento. Sin embargo, cuando me cambié de dirección comprendí que había un agujero negro grande en el cielo y que estaba volando hacia allí. Sentí un miedo increíble y pensé que ese era mi final. Oí a mi amigo que hablaba conmigo en la distancia. Me dijo que el agujero negro era una ilusión que yo me había creado. Que no había nada que temer, salvo confiar y volar. Mi miedo disminuyó, y comprendí que el agujero negro no era real, y que podía ver a través de él, y bajar al valle. Me desperté completamente antes de que el agujero negro desapareciera".

UN SUEÑO CON MONSTRUO

"Estaba en mi casa de la niñez, y yo y mi hijo estábamos en el segundo piso de la casa. Éramos prisioneros de dos monstruos muy extraños y aterradores. Tenían cuerpos humanos y cabezas de monstruo y pensé que eran algún tipo de demonios de otra dimensión. Estaba muy asustada, y le dije a mi hijo que hiciera todo lo que ellos pidieran.

Pensé que nuestro encarcelamiento era temporal, e incluso aunque me sentía muy asustada tenía el presentimiento de que todo iba a acabar pronto. Los monstruos tenían su cabeza y la cara cubiertos con pelo blanco. El principal, el que nos miraba todo el tiempo, tenía un cuerno de rinoceronte grande y blanco, en el medio de su frente. Recuerdo que pensé que ese cuerno le daba poder y le había convertido en el monstruo que era.

Este sueño era una pesadilla. Muy oscuro y vago, y no recuerdo la mayoría de los detalles o la sucesión de los eventos. En un momento dado en el sueño, recuerdo que ataqué al cuerno de ese monstruo con una piedra. Ocasioné un agujero grande del cual salía sangre, pero conseguí quitarle el cuerno con la mano. De algún modo al monstruo no parecía importarle y simplemente estaba sorprendido. El sueño era muy perturbador y me desperté. Cuando estaba saliendo de este sueño, recuerdo haber sentido repulsión y susto".

ÍNDICE

OTROS TÍTULOS

**TRATAMIENTO
NATURAL
DE LA DEPRESIÓN**

**TRATAMIENTO
NATURAL
DEL ESTRÉS**

**TRATAMIENTO NATU-
RAL DE LA OBESIDAD Y
LA CELULITIS**

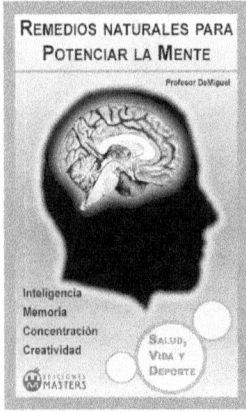

**REMEDIOS NATURALES
PARA POTENCIAR LA
MENTE**

PREPARACIÓN FÍSICA
Primer Nivel

PREPARACIÓN FÍSICA
Segundo nivel

**¡HE PEDIDO
EL DIVORCIO!**
Guía para varones
desesperados

**COCINA
PARA ENAMORADOS**

JALEA REAL
miel, própolis, polen y
ceras

ESTIRAMIENTOS
(Stretching)

**TRATAMIENTO
NATURAL DE LAS
ENFERMEDADES**

**COCINA SALUDABLE
Y SABROSA
PARA NIÑOS**

BRUCE LEE
y el Tao del Jeet Kune Do

El Tao del
KUNG FU

CINE DE TERROR

Cine de
ZOMBIS Y
FANTASMAS

El universo de
STAR TREK

TUNING del automóvil

**75 años del cine del
CIENCIA-FICCIÓN**

**El libro de los
MUERTOS Y LOS
ESPÍRITUS**

**SUPERHÉROES
del cine**

El arte secreto del NINJA

**El humor de...
MONTY PYTHON**

**Cine de
VAMPIROS**

www.ingramcontent.com/pod-product-compliance
Lightning Source LLC
Chambersburg PA
CBHW070911290526
45795CB00001B/278